Vorträge der Detlefsen-Gesellschaft

AF140862

Herausgeber Christian Boldt

Vorträge der Detlefsen-Gesellschaft

Band 16

Im Auftrag der Detlefsen-Gesellschaft

Das Erscheinen dieses Bandes wurde ermöglicht durch die finanzielle Förderung unserer Sponsoren:
Familie Bruhn
Stadtwerke Glückstadt

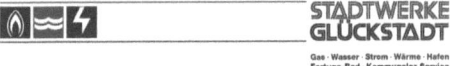

Bibliografische Information der Deutschen Nationalbibliothek: Die Deutsche Nationalbibliothek verzeichnet diese Publikation in der Deutschen Nationalbibliografie; detaillierte bibliografische Daten sind im Internet über www.dnb.de abrufbar.

Redaktions- und Bezugsadresse
Christian Boldt M.A.
An der Au 11
25376 Borsfleth

Layout und Satz: Claudia Boldt
Herstellung und Verlag: BoD – Books on Demand, Norderstedt
ISBN: 978-3-7357-6013-5

Inhalt

Vorwort

Die Detlefsen-Gesellschaft legt zum 16. Mal ihre „Vorträge" dem geneigten Leser vor. Unserem Ziel, die Erforschung der Geschichte unserer engen und weiteren Region zu fördern und die Forschungsergebnisse einem interessierten Publikum vorzustellen, kommen wir auch mit der vorliegenden Publikation wieder einen Schritt näher.

Seit 1921 besteht die Gesellschaft und hat in dieser Zeit etwa 600 Vorträge gehalten und an vielen Publikationen zur Regionalgeschichte mitgearbeitet. Es waren Mitglieder der Detlefsen-Gesellschaft, die am Heimatbuch für den Kreis Steinburg 1923 mitwirkten und die die Publikation in drei Bänden „Glückstadt im Wandel der Zeiten" maßgeblich voranbrachten. Auch die meisten Beiträge zur Glückstädter Geschichte wurden von Mitgliedern unserer kleinen Gesellschaft erbracht. Dies soll und wird so bleiben.

Aber der Versuch, die Resultate der Forschung bleibend zu machen, muss scheitern, wenn das Projekt nur durch die Mitglieder finanziert werden soll. Wir brauchen auch eine Reihe von Förderern, die ebenso wie wir der Meinung sind, dass Regionalgeschichte, die Geschichte unserer Heimat, zur Schaffung einer regionalen Identität beiträgt.

Unsere „Vorträge" richten sich zwar nicht an ein Massenpublikum, aber sie bewahren wie ein wachsender Schatz viele Erkenntnisse für uns und die kommenden Generationen. Das ist uns und unseren Förderern wichtig. Unsere Gesellschaft will weiter daran arbeiten, die Geschichte der Stadt Glückstadt und ihrer Umlandgemeinden, aber auch der holsteinischen Elbmarschen insgesamt verständlich zu machen und darzustellen. Dazu braucht sie Mitglieder und Freunde. An beiden mangelt es zum Glück nicht, doch könnten wir von beiden mehr gebrauchen.

Unser Dank gilt den ehrenamtlichen Referenten und den Förderern der Detlefsen-Gesellschaft.

Borsfleth im Sommer 2014   *Christian Boldt M.A.*

Emil Ringer – Tagebuch eines Schiffsjungen auf dem Schulschiff „Gneisenau"

Christian Boldt

Ein kleines und unscheinbares Tagebuch befindet sich im Stadtarchiv Glückstadt.[1] Es ist das Tagebuch des Schiffsjungen Emil Ringer aus Glückstadt, welches er 1897 während seiner Ausbildung auf dem Schulschiff „Gneisenau" führte. Die Gneisenau, benannt nach dem preußischen Heeresreformer und Feldherrn August Graf Neithardt von Gneisenau (1760 bis 1831), war am 4. September 1879 auf der Danziger Werft von Stapel gelaufen und dreizehn Monate später als gedeckte Korvette in den Dienst der kaiserlichen Marine gestellt worden. Eine Zwei-Flügel-Schraube trieb eine 2500-PS-Maschine an, vierzehn 15-cm-Geschütze und sechs Revolverkanonen bildeten die Armierung. Das Schiffsregister meldete 2856 Tonnen Wasserverdrängung. Damit gehörte die Gneisenau zu den imposantesten Erscheinungen der deutschen Marine.[2]

Die Korvette Gneisenau kreuzte zu einer Zeit auf den Weltmeeren, als die Auseinandersetzung der europäischen Großmächte um die Verteilung der Kolonialländer in ihr entscheidendes Stadium getreten war.

1   *Das Original befindet sich im Detlefsen-Museum unter: Kleine Schriften VIII Nr. 1 Titel: Emil Ringer S.M.S. „Gneisenau" handschriftliche Aufzeichnungen eines Schiffsjungen.*

2   *Die SMS Gneisenau war eine Gedeckte Korvette der Bismarck-Klasse der deutschen Kaiserlichen Marine. Die sechs Schiffe der Klasse waren dreimastige, als Vollschiff getakelte Segelschiffe mit umgepanzertem Rumpf und mit einer Dampfmaschine als zusätzlichem Antrieb. Sie wurden 1884 zu Kreuzerfregatten umklassifiziert.*

S.M.S. Gneisenau vor Kiel, 1899. Privatarchiv: Gerhard Sturm.

England und Frankreich formten ihre Imperien und pokerten um die weißen Flecken auf der Landkarte. Deutschland, das erst seit Bismarcks Einigungswerk von 1871 politisches Gewicht besaß, hatte im Wettlauf um die Kolonien zu einem Zeitpunkt noch in den Startlöchern gesessen, als die anderen Mächte schon wild davon gestürmt waren. Hier galt es einiges nachzuholen. Nationale Vereine zur Förderung des Kolonialgedankens schossen wie Pilze aus dem Boden, die Sorge um Deutschlands Größe und Ansehen wurde zum Vehikel für wirtschaftlichen Expansionsdrang.

Schiffe der deutschen Kriegsmarine kreuzten auffällig an den Küsten fremder Kontinente, was man in den Außenministerien in London und Paris aufmerksam registrierte und als Demonstration deutschen Machtstrebens wertete. Auch die Korvette Gneisenau war daran beteiligt.

Der politische Auftrag der Gneisenau unterschied sich in nichts von dem französischer oder englischer Schiffe: der Kapitän verhandelte mit Sultanen, Häuptlingen oder Stammeskönigen und tat dies stets als Regierungsvertreter. So schloß zum Beispiel 1884 der Sultan Achmed von Witu mit dem Kommandanten der Gneisenau, Kapitän zur See Valois, als dem Vertreter des Deutschen Kaisers ein Schutz- und Handelsabkommen.

Schon ein Jahr später wurde der diplomatische Dienst der Gneisenau erneut in Anspruch genommen. Nach kurzem Aufenthalt in Australien kreuzte die Korvette wie im Jahr zuvor wieder vor der ostafrikanischen Küste. Diesmal aber nicht zu Verhandlungszwecken, sondern als Machtdemonstration. Der Reichsregierung ging es um die Anerkennung deutscher Ansprüche auf Sansibar sowie um die Abtretung des Hafens Daressalam auf dem Festland.

1887 wurde die Gneisenau dann dem Verband des Schulgeschwaders der kaiserlichen Marine angegliedert und 1890 aus der Liste der Kriegsschiffe gestrichen, um fortan endgültig als Schulschiff eingesetzt zu werden.[3]

10 Jahre kreuzte die Gneisenau dann als „schwimmendes Gymnasium" auf den Weltmeeren und formte aus Schiffsjungen Matrosen und Offiziere. Auch Emil Ringer, der Verfasser des Tagebuches hoffte als Matrose heimkehren zu können. Seine Tagebucheinträge vermitteln ein umfassendes Bild vom Leben an Bord eines Segelschulschiffes im ausgehenden 19. Jahrhundert, aber auch von der Politik der Zeit, die wir durch ihn vermittelt bekommen, wohlgemerkt aus der Sicht eines Schiffsjungen.

Das Tagebuch wird im folgenden in der original Schreibweise und in Gänze wiedergegeben, um auch zukünftigen Forschern als Quelle dienen zu können. Es wurden lediglich Erklärungen zu besonderen Ereignissen und Fachbegriffen als Fußnote hinzugefügt. Das Bildmaterial

---

3 Bönisch, Otto, *Die deutschen Schulschiffe 1818 bis heute*, 2. Auflage, Hamburg
2006.

wurde ebenfalls nachträglich hinzugefügt. Das Tagebuch selber besaß keinerlei Abbildungen. Die mit einem Sternchen * gekennzeichneten Wörter, sind eigene Anmerkungen Emil Ringers.

Anfang der II. größeren Reise Montag, den 16. August 1897

*So Gott will kehren wir im März 1898 nicht als
Schiffsjunge sondern als Matrose zurück.*

Zum Abschied nehmen just das rechte Wetter hatten auch wir als der 16. August anbrach, aber gleichzeitig ersehnte und doch noch so gern hinausgeschobene Tag unserer Abreise war herangekommen. Routinemäßig brachten wir um 5 h früh unsere Hängematten hinaus. Der Himmel war bewölkt, die Luft feucht, überhaupt alles grau und düster, so ganz unserer Stimmung angemessen. Wenn auch eine scheinbare lustige Stimmung sich der Mannschaft bemächtigt hatte, so war dies doch nur scheinbar, denn ein unbestimmtes etwas fühlte wohl einjeder bei dem Gedanken auf 8 Monate die Heimat verlassen zu müssen.

Nach dem Frühstück waren noch verschiedene Manöver, wie z.B. Decksboote einsetzen, Bramraaen und -Stangen an Deck usw., welche alle pflichtgemäß ausgeführt wurden. Das Schiff war seeklar und der Commandant war noch nicht an Bord. Kurz vor 8 h kam auch er und um 8 h wurde der Befehl zum Loswerfen gegeben. Langsam begann die Schraube zu arbeiten und mit mäßiger Geschwindigkeit fuhren wir der Schleuse von Holtenau zu. Wie anders war der Abschied im vorigen Jahre. Da waren die Musiker in den Decksbooten placiert und spielten „Muß i denn, muß i denn zum Städtelein hinaus." Im Hafen lagen mehrere Panzer[4] und Schiffe S.M., welche uns kräftige Hurrahs zum Abschied darbrachten, welche von unserer Seite lebhaft erwidert wurden. Noch zu guterletzt begrüßte uns im vorigen Jahr ein Torpedoboot in der Nähe von Scagen und wünschte uns eine glückliche Reise. - Und in diesem Jahre? Nur die prächtige „Hohenzollern" lag im Hafen. Beim passieren schallten uns drei kräftige Hurrahs entgegen, von uns natürlich zurückgegeben. Im Übrigen war der Hafen öde und leer, d.h. nur was Schiffe anbetrifft. Am Ufer standen die zurückgebliebenen verheirate-

4   *Panzerschiffe.*

ten Frauen und schwenkten ihre Taschentücher. So kamen wir dann an die Schleuse von Holtenau. Es regnete immer langsam weg. Der Kanal war frei und ohne irgendwelche Schwierigkeiten konnten wir einfahren. Jetzt wo wir im Kanal waren, konnten wir ruhig weiter dampfen, was wir dann auch thaten und nebenbei gesagt, gleich Zeugwäsche machten. Kurz vor Mittag passierten wir die Hochbrücke von Levensau und gegen 1 h Rendsburg. Die Fahrt durch den Kanal ist wunderhübsch. Bald hat man Wiesen und Ländereien zu beiden Seiten, ab und zu ein Häuschen, doch meistens dann wieder etwas Wald und so wechselt die Natur in einem fort. Um 7 h lagen wir glücklich in der Schleuse von Brunsbüttel, wo wir ganz unverhofft von der Besatzung SMS „Otter" (Vermessungsfahrzeug) mit 3 Hurrahs begrüßt wurden. Hier verweilten wir einen Augenblick und nachdem wir die letzten Grüße aus der Heimat erwidert hatten, gelangten wir in das Fahrwasser der Elbe.

Bald nachdem wir die Elbe hinter uns hatten, wehte nun eine ziemlich starke Brise von vorn, welche unsere Fahrt erheblich hemmte. Am Dienstag Morgen um 9 h kam der Leuchtturm von Norderney in Sicht; am Nachmittag kreuzte unseren Kurs ein Dampfer der Hamb. Amer. P.F.A.G.[5] und am Abend desselben Tages begegnete uns ein zweiter Dampfer derselben Gesellschaft. Unsere Fahrt ging immer eben weg. Das Meer hatte eine hohe Dünung angenommen, der Wind kam direct von vorn und die Maschine arbeitete kräftig, um gegen Wind und Wellen durch zu kommen. Langsam kommen wir zwar vorwärts, aber am Mittwoch d. 18. um 11 h 52 passierten wir die Linie Dover – Calais nach deren Überfahrt wir „als allein fahrendes Schiff" galten, d.h. wir waren nicht mehr dem Stationskommando zu Kiel unterstellt, sondern erhielten unsere Befehle von nun ab direct vom Oberkommando der Marine zu Berlin. Schon am 19. früh hatten wir querab das Feuerschiff Galloper und um 11 h das von East Godwin. Diese Feuerschiffe und der hier sehr rege Dampferverkehr gaben uns das sichere Anzeichen, daß wir nicht mehr allzuweit von der englischen Küste entfernt sein konnten. Bald sahen wir von Bord aus die weißen kahlen Felsen der englischen Küste, die wohl mit den Kreidefelsen von Rügen verglichen werden könnten, aber von diesen so wundervoll bewaldeten Felsen doch weit übertroffen werden.

5   *Die Hamburg-Amerikanische Packetfahrt-Actien-Gesellschaft (HAPAG).*

Das Fahrwasser an der englischen Küste hierselbst ist ein äußerst gefährliches, seiner wechselnden Tiefen wegen. Wie wir diese Gegend passierten ragte als drohendes Warnungszeichen der Mast eines hier gestrandeten Dampfers aus dem Wasser hervor – Bald änderten wir unseren Kurs nach Süden; eine frische Brise kam auf und einige Zeit darauf kam die französische Küste in Sicht. In einer Entfernung von einer Seemeile (1852m) konnten wir das „Cap Gries Nez" und von der Stadt Boulogne den Kirchturm sehen. Um Unannehmlichkeiten zu vermeiden, durften wir uns der französischen Küste nicht allzuweit nähern, hat doch bis jetzt selten ein deutsches Kriegsschiff Station in einem französischen Hafen gemacht, während die Franzosen s. Zt. Bei den Kanalfeierlichkeiten die Unverschämtheit besaßen aus den Gefechtsmarsen[6] ihres Panzers[7] die einzelnen Örtlichkeiten des Kieler Hafens abzuphotographieren. Benutzten sie doch die Gastfreundschaft, um uns auszuspionieren.-

Am Mittwochabend liefen wir mit Dampf und Schratsegeln ca. 9 Knoten die Stunde. Hier, wo an der englischen Küste verschiedene kleine Badeorte liegen, u.a. auch das, in der Geschichte so berühmte Hastings, sah der ganze Landstreifen wie illuminiert aus. Am Donnerstagmorgen, auf der Morgenwache kurz vor 7 h, kam die Insel Wight und um 3 h nachmittags das Ziel unserer Reise Portland in Sicht. Vor der Einfahrt nahmen wir einen Lotsen an Bord, unter dessen Leitung wir in den Hafen einliefen. Das Wetter entsprach ganz den Beschreibungen von der englischen Küste, welche man öfter Gelegenheit zu lesen, kalt, feucht, neblig, überhaupt ganz unwirtlich. Wir hatten einen geradezu schauderhaften Ankerplatz, ca. 1½ Seemeilen vom Lande ab. Portland selber ist ein ödes, langweiliges Nest. Auf einem der umliegenden Hügel befindet sich ein Strafgefängnis für schwere Verbrecher, welche zum Bau der neu projectierten Mohle herangezogen werden. Ungefähr 1 Stunde mit der Bahn liegt der von den Engländern stark besuchte Badeort Weymouth. Von Bord aus sahen wir auf einem der uns gegenüber liegenden Hügeln das Standbild eines Reiters in den Felsen gemeißelt. Das Volk erzählt folgendes davon:

6   *Gefechtsmasten.*
7   *Panzerschiff.*

Der König Georg VI. von England, ein leidenschaftlicher Reiter, nebenbei sehr beliebt beim Volke, verkehrte gern und häufig in der Umgegend von Portland. Das Volk nun, um dem König eine Freude zu bereiten, ließ sein Bild in den Felsen meißeln. Aber anstatt, wie die Leute gehofft hatten, dem König eine Freude zu machen, erreichen sie gerade das Gegentheil. Der König war abergläubisch und meinte, daß ihm aus dieser Gegend einst ein großes Unglück treffen würde. Von nun ab mied der König diese Gegend. Bald nach diesem Begebnis wurde er wahnsinnig und starb nach 10 Jahren ohne das er vorher geheilt wurde. – Das Bild stellt einen Reiter hoch zu Pferde dar.

Am Sonnabend, den 21.8. wurde in Portland eine große Segelregatta abgehalten, in der u.a. auch der „Meteor", die Yacht unseres Kaisers, mitsegelte. Mittags ½1 h wurde plötzlich „Die Wache klar zum Manöver" gepfiffen. „Klar zum Entern an Backbord, enter auf; drei Hurrahs für SM Yacht Meteor" lautete das Commando und hui, hoch ging es die Wanten hinauf. Der Meteor, welcher als Sieger aus dem Rennen hervorgegangen war, wurde mit kräftigen Hurrahs von uns empfangen. Die Besatzung der Yacht bestand aus englischen Matrosen. Beim Passieren unseres Schiffes schwenkten sie ihre roten Käppis und mit 3 hepp hepp hurrä dankten sie für unseren Gruß.

Unser auf der Reise zusammengeschmolzener Kohlenvorrath mußte jetzt wieder ergänzt werden, weshalb wir dann auch am Montag, den 23. das Vergnügen hatten, Kohlen zu trimmen. Morgens um 6 h fingen wir an und hatten bis Mittag 140 t übergenommen. Kurze Mittagspause folgte hierauf und dann hieß es „Antreten auf Rein-Schiffstationen", so daß wir um ¼4 h das Schiff wieder so leidlich rein hatten, nur außenbords sahen wir noch etwas schmuddelig aus. Kaum fertig, da hieß es auch schon wieder Proviant übernehmen, Kartoffeln, Gemüse usw., u.a. auch eine lebende Kuh. Um 4 h waren wir seeklar. Die Verbindungen mit dem Lande wurden abgeschlossen, die Dampfpinnaß eingesetzt und um 5 h der Hafen verlassen. Alles war froh als wir am 23. den ungastlichen Hafen verließen und dem hübschen Madeira zu zusegeln. Vor dem Auslaufen erhielt unser Kapitän ein Entschuldigungsschreiben der Regierung, weil der Lotse uns einen so schlechten Ankerplatz angewiesen hatte. Am folgenden Tage bekamen wir die französische Küste in Sicht, worauf wir am Mittwoch die Insel Quessant an Backbord passierten.

Am Donnerstag, den 26. wurde nicht weit vom Schiff ein Hai gesehen. Der Haihaken mit einem ca. 2 Pfund schweren Stück Speck wurde klar gemacht; leider war das Tier zu klug, um anzubeißen. Am 29. (Sonntag) setzten wir alle Segel und segelten beim Winde. Der Wind raumte sehr, so daß wir am Nachmittage mit Backstagsbrise 6 Knoten liefen. Der Wind flaute immer mehr ab; am Mittwoch mußten wir dann Dampf aufmachen, um nicht ganz still zu liegen. Am Mittwoch Nachmittage zeigte sich in der Nähe des Schiffes eine Herde Süd-Wale[8] und war es ganz possierlich mit anzusehen, wie die Tiere im Wasser spielten. Am Donnerstag setzten wir bei achterlichem Winde wieder alle Segel. Bei der Hängemattswäsche meldete der Ausguckposten: „Land rechts voraus!" Es war dies die Insel Porto Santo (Inselgruppe Madeira). Am Abend um 8 h hatten wir Porto Santo querab und liefen mit achterlichem Winde 8 Knoten. Freitag Morgen, den 3. September passierten wir an Steuerbord Madeira und liefen unter Segel in die Rhede von Funchall. Der Ankergrund war äußerst schwierig und mußten wir Kette bis auf 125 m stecken. Ein lebhaftes Treiben entstand bald um unser Schiff herum. Fruchthändler, Händler mit Madeira Ringen usw. suchten möglichst schnell das Fallreep zu ersteigen. Für's erste durften die Händler des Dienstes wegen noch nicht an Bord. Ein furchtbarer Lärm und Gedränge entstand als um ½12 h bei „Klar Deck" die Händler an Bord kommen durften, denn ein jeder wollte der erste sein. Am meisten Geschäfte aber machten die Fruchthändler. (*Madeira berühmt durch seinen Wein (à Glas 25 Pfennige). Beim Spaziergang sagten uns Verschiedene, den Madeira Wein bekommen Sie besser im Auslande als bei uns auf der Insel.) Für 10 Pfennige bekamen wir 5 große schön süß schmeckende Äpfel, ebenso Bananen, Pfirsiche, Birnen usw.. Am Nachmittage machte unsere Wache einen Spaziergang durch die Stadt. Madeira selber ist von 3 Seiten von hohen Bergen eingeschlossen, von der Südseite jedoch offen. Die Stadt ist terrassenförmig angelegt. Die Häuser sind meistens weiß angestrichen. Die Straßen recht reinlich gehalten und an den Abhängen sind wundervolle Gärten angelegt. Als Verkehrsmittel dient der Schlitten, denn die Straßen mit kleinen Kopfsteinen gepflastert, sind äußerst glatt und beim Abstieg kommt man leicht in die Gefahr kapeister zu schießen. Daher sieht man an den Straßenecken

8   Glattwale, Südkaper.

Leute mit Schlitten zur Beförderung von Passagieren. In der Stadt ist eine wunderhübsch angelegte Promenade, welche gleichzeitig als Botanischer Garten gilt. Nachdem die vorschriftsmäßige Zeit abgelaufen war, ging es zur Landungsstelle zurück. Hier hatte sich ein Trupp spanischer Jungens eingestellt, welche sich im Rauchen produzierten. Ins Wasser geworfene Geldstücke holten sie mit großer Sicherheit und Gewandtheit heraus, u.a. war auch ein Junge von ca. 4–5 Jahren darunter, welcher mit großartiger Gewandtheit untertauchte und das Geldstück in der einen Hand festhaltend dem Ufer zuschwamm.

Am Sonntag, den 5. September, morgens gegen 9 h, verließen wir Madeira. Nach einer halben Stunde setzten wir alle Segel und mit einer Geschwindigkeit von 8 Knoten die Stunde fuhren wir auf St. Vincent zu. Der NO Passat flaute allmählich ab und am Montag liefen wir nur noch 4 Knoten die Stunde. Bis zum nächsten Sonntag segelten wir. Als aber am Montag eine fast gänzliche Windstille eingetreten war, alle Segel killten, befahl unser Commandant „Maschine Dampf auf, alle Segel bergen". Auf der Fahrt von Madeira nach St. Vincent sahen wir häufig ganze Schwärme von fliegenden Fischen, auch verschiedene Haifische kamen in die Nähe unseres Schiffes, welche zu angeln wir vergebens versuchten 3. September, einem Montag, liefen wir in Porto Grande, dem Hafen von St. Vincent, ein.

St. Vincent gehört zu den canarischen Inseln[9] und ist im Besitz der Portugiesen. Seine Einwohnerzahl beträgt ca. 12000, zu ⅔ Negern und ⅓ Europäern. Porto Grande, die Hafenstadt, ist ein ödes, trauriges Negernest. Die Eingeborenen laufen halbnackend herum; existieren thut die Stadt nur durch den kolossalen Kohlenhandel, welchen die Engländer auf dieser Insel betreiben. Schon durch seine Lage ist St. Vincent wie zur Kohlenstation geschaffen. Es liegt fast direct in der Mitte der Linie Deutschland, England, Amerika, so daß die Dampfer, um ihren Kohlenvorrath zu ergänzen, St. Vincent anlaufen müssen. So kam es dann auch, daß wir in der kurzen Zeit unseres Aufenthaltes dort Dampfer fast aller Nationen trafen. Auch hier hatte unsere Wache das Glück, an Land zu gehen.

Die Schwarzen wohnen hier in selbstgebauten Hütten aus Thon und Lehm. Die Wände innen sind ganz kahl, nur ein paar Holzpritschen, ein

---

9   *Die Kapverdischen Inseln.*

Küchenherd und etwas Geschirr lassen darauf schließen, daß die Hütte bewohnt ist. Die Männer sind mit den traurigsten Lumpen bekleidet, die Frauen mit einem bis an die Knöchel reichenden Überwurf und die Kinder laufen ganz nackt umher.

Außerhalb der Stadt liegt ein großer Schweinemarkt. – Was uns am meisten auffiel war, daß die Frauen uns um Tabak anbettelten. –

In einem außerhalb der Stadt gelegenen Garten sah ich zum ersten Male eine Cocusnußpalme mit noch nicht ganz reifen Früchten; Fuchsien bis zu 2 m Höhe usw. Verschiedene Blumen und Früchte brachte ich noch mit an Bord. Zu erwähnen wäre noch der sogenannte „schlafende Riese". Es ist dies ein Berg, welcher die Form eines Gesichtes hat. Behauptet wird, daß die Züge dieses Gesichtes denen George Washingtons (Befreier von Amerika) ähnlich seien. – Zum Vergnügen waren wir hier auch nicht angelaufen. An Kohlen wurden ca. 230 Tonns übergenommen, wovon ca. 100 in die Batterie[10] gestreut wurden. Ferner gab es Proviant für Offiziere und Mannschaften auf 22 Tage überzunehmen, was bei einer Kopfzahl von 500 – 550 Mann keine Kleinigkeit ist. An lebendem Vieh wurden 6 Ochsen und 3 Schafe – Unmenge von Kartoffeln usw. – an Bord gebracht. – Am Tage unserer Abfahrt mußten wir einen unserer Obermatrosen (Fraas) von Bord geben. Derselbe litt an Brustkrankheit und wurde mit einem deutschen Dampfer nach Hamburg gebracht. – Wohl verproviantiert verließen wir am Donnerstag, den 16. das unwirtliche St. Vincent, um nach einer 22 tägigen Fahrt das viel gepriesene Rio de Janeiro zu erreichen.

Auf dieser Reise sollten wir die Seemanns- oder Linientaufe erhalten. Gar bald verließ uns der NO Passat, weshalb wir am 19. Dampf aufmachen mussten. Immer näher kamen wir dem Äquator, eine drückende Hitze machte sich bemerkbar und gar bald gelangten wir in das Gebiet der so sehr gefürchteten „Stillten" oder Calmengürtel. Die hier herrschenden Böen und Gewitter verschonten uns gänzlich und war unser Commandant recht vergnügt als wir diese Gegend hinter uns hatten. Am Mittwoch Mittag waren wir auf dem 3° nördlicher Breite.

Am Donnerstag Abend gegen 7 h, wir waren gerade beim Kartoffelschälen, ertönte plötzlich der Ruf „Boot ahoi", worauf vom Wasser her mit „ja, ja" geantwortet wurde. „What ist the name of the ship?" (rief

10 *Bordgeschützstellungen.*

es wiederum vom Wasser) – Gneisenau – „Wo kommt ihr her?" – Kiel
– „Wo geht ihr hin?" – Rio de Janeiro – Nach diesen Fragen hieß es
dann: „Tritton, der Gesandte Neptuns will an Bord kommen!" – Sehr
angenehm. – Hierauf wurden 6 Fallreeps gepfiffen, eine Ehrenbezeu-
gung, welche nur Majestäten und Admirälen zu theil wird. 6 Matrosen
mit Laternen leuchteten dem übers Fallreep schreitenden Tritton bis
zur Commandobrücke, wo unser Kapitän stand. Hier nun sagte er sein
„Verschtgen" her; der Inhalt war ungefähr folgender:

Ich bin Tritton der Abgesandte Neptuns. Nach altem Seemannsbrauch
muß ein jeder, der zum 1. Male in Neptuns Reich eingeht, die „heilige
Taufe" durchmachen. – So dann kündet er den Besuch Neptuns zu Morgen auf die II. Stunde an und befiehlt dem I. Offizier im Namen Neptuns,
von irgendwelchem Dienst zu dieser Zeit Abstand zu nehmen. Nach
Beendigung seiner Rede, hielt der Kapitän eine Ansprache, läßt Neptun
und dessen Gemahlin vielmals grüßen und ladet ihn ein, mit in die Ka-
jüte zu kommen, um sich zu stärken, einen Wunsch, dem Tritton natürlich nicht widerstehen kann. Beim Verlassen des Schiffes wird Tritton
von den 6 Matrosen zum Fallreep geleitet und mit den vorschriftsmä-
ßigen Ehrenbezeugungen entlassen. Tritton verschwindet in Nacht und
Nebel. Kurze Zeit darauf sahen wir ein großes Feuer auf dem Wasser,
es war dies das Fahrzeug Trittons. (In Wirklichkeit war es ein mit aller-
hand Brennmaterial angefülltes Faß. In der Mitte war eine Kartusche.
Leider konnten wir das Explodieren der Kartusche nicht mehr sehen, da
die starke Strömung das Faß gar bald unseren Blicken entzog.) –

Der große Tag der Taufe kam. Der Dienst an Bord war um 11 h beendet. Nach dem Essen wurden die Vorbereitungen zur Taufe getroffen.
Wir Täuflinge rüsteten uns ebenfalls und zwar insofern, als ein jeder das
zerrissenste und älteste Zeug, das s.g. Kohlenpäckchen anzog, so daß wir
wie die Vagabunden aussahen. Endlich hieß es „Pfeifen und Lunten aus"
und bald darauf „alle Mann auf klar zur Taufe". Auf dem Oberdeck war
ein Raum durch Persennings verdeckt. Dies war das Ankleidezimmer
für Neptun und sein Gefolge. Der Vorhang fiel und Neptun mit seinem
Hofstaat setzte sich in Bewegung. Voran schritt die Musik in Badehosen
und Süd-Western, geführt von dem Kapellmeister in langem Ölrock, als
Kopfbedeckung ein aus Segeltuch verfertigter 2 m langer Cylinderhut
mit großen Noten geziert. Dann kam Tritton, hinter ihm Neptun und

Linientaufe auf der S.M.S. Gneisenau im Oktober 1897. Privatarchiv Reimers.

seiner Gemahlin Thetis auf einem von 6 kräftigen tiefschwarzen Negern gezogenen Wagen. Ihm folgen der Barbier mit seinen Gehülfen, Polizei, Aktuar[11], Astronom und den Zug beendet ein Bärenführer mit seinem Bären. Neptun übernimmt nun nach einem Umzuge durch das Schiff das Kommando und giebt den Befehl zu „Posten ablösen, die ersten Nummern Neptuns". Sämtliche Posten wurden alsbald von Negern (angeschwärzte Matrosen, welche schon früher die Linie passiert hatten) abgelöst.

Vor der Kommandobrücke, auf welcher unser Kapitän im Kreise seiner Offiziere stand, hatte der Zug halt gemacht. Neptun, dargestellt von unserem Ober-Bottelier[12], hielt nun eine Ansprache, in welcher er dem Schiff eine glückliche Vollendung der Reise wünschte. Hierauf wurden alle Offiziere mit Ausnahme der Unter-Lieutenants und Seconde-Lieutenants von Neptun decoriert. Orden der Gemütlichkeit, der Gefälligkeit, zum uneingefangenen Hai, der Enthaltsamkeit, der Mäßigkeit usw.

11 *Gerichtsschreiber.*

12 *Lager- und Verpflegungsverwalter im Rang eines Unteroffiziers.*

wurden verteilt. Sodann wurde zur Taufe geschritten. Zuerst kamen Offiziere, Seecadetten, Unteroffiziere und hiernach die Mannschaften. Der Hergang war ungefähr folgender:

Der Täufling wurde aufgerufen, von den Barbiergehülfen erfaßt und auf den Rand eines mit Wasser gefüllten Scheuerprahms gesetzt. Ehe sich der Täufling es versieht, wischt ihm einer mit einem Quast voll roter Farbe im Gesicht herum. Noch ganz erschreckt hierüber, will er sich die Farbe vom Mund wegwischen, da kommt aber schon wiederum einer mit einem Weißquast und schmiert ihn voll. Ganz erbost hierüber will er sich jetzt erheben und läßt die Hände los von dem Rande des Bortes. Aber, oh weh, auf diesen Augenblick hat die Polizei gewartet; der bedauernswerte, rot und weiß eingeschmierte Mensch, erhält einen Stoß vor die Brust und fällt hinterrücks in das Wasser. Jetzt geht das Strampeln los. Aber, aber Neptun tauft seine Jünger gründlich. In dem Wasser stehen 2 Neger; diese nehmen den Strampelnden gleich in Empfang. Jetzt ist er verloren. Erbarmungslos tauchen sie das Opfer unter Wasser und ziehen ihn das ganze Boot unter Wasser entlang. Mit einem kräftigen Schwung wird der nach Athem Ringende an das Tageslicht befördert, aber schon wird er wieder erfaßt und von kräftigen Händen in einen Windsack gestopft. Mit der Dampfpumpe wird nun kräftig in den Windsack hineingepumpt und nun muß der Betr. Durch einen ca. 15 m langen Sack aus Segeltuch kriechen. Schon sieht der Arme das Tageslicht und denkt, nun bist du erlöst, aber ach, da hageln auf einmal Hiebe mit der Faust und der flachen Hand auf den im Windsack Steckenden nieder. Was nun? Zurück kann er nicht, denn die Pumpe wirft Unmengen von Wasser in den Sack, vorne sieht er die Gesichter zweier grinsender Neger, die Hiebe werden immer doller, vorwärts, was hilft es. Glücklich hat er den Ausgang erreicht, da packen ihn die Neger und mit einem fr. „Schwabber" wischt ihm einer im Gesicht herum und, oh Schreck, statt recht rein auszusehen, ist er mit einem male ganz schwarz. Jetzt ist er getauft und mit wahrem Wohlbehagen athmet der, von dem „Schmutze der nördlichen Halbkugel" Gereinigte, die frische Luft der „südlichen Halbkugel". So tauft Neptun seine Söhne.

3–400 Menschen, ob jung oder alt, mußten sich dieser Taufe unterziehen. Daß es da ohne braune und blaue Flecken nicht abging, läßt sich wohl denken.

Linientaufe auf der S.M.S. Gneisenau im Oktober 1897. Privatarchiv Reimers.

Unsere Reise bis Rio ging glatt weiter. Bald wurde Dampf aufgemacht und am 8. October liefen wir in den Hafen ein. An der Einfahrt fällt besonders ein sehr hoher ganz kahler Felsen auf, der „Zuckerhut" genannt. Ferner wiederum ein „schlafender Riese". Außerordentlich viele Deutsche wohnen hier in Rio. Der Haupthandel ist in deutschen Händen, zum großen Ärger der Engländer. Fest auf Fest bereiteten die Deutschen uns zu Ehren. Leider konnte ich an keines derselben theilnehmen, da ich einen schlimmen Fuß (Zellengewebentzündung am linken Fuß) hatte, weshalb für mich der Aufenthalt ein recht trauriger war. Nur einmal kam ich an Land. Die Stadt ist wie bei uns schön gepflastert, zum Theil mit electrischem Licht. An Sehenswürdigkeiten wüßte ich nichts aufzuführen. Getrunken haben wir den aus Indianergeschichten so berühmten „Whisky", einen ganz gemeinen Fusel. Dazu kam dann noch der „Caschasch"[13], ein Getränk wie … , hat nachher eine ganz furchtbare Wirkung.

13 *Einfacher Rum.*

Gauchos und Lassowerfer sahen wir und an Keilereien mit blutigen Köpfen und Messern fehlte es nicht, so daß nur geschlossen die Mannschaft an Land kam. Von Rio gingen wir nach Santos, Sao Francisko und Sao Paulo. Am 12. November gelangten wir in Rio wieder an, am 13. großes, großes Kohlen- und Proviantübernehmen und am 14. Abfahrt von Rio, auf nach Trinidad.

Von Rio de Janeiro ging es nach Trinidad. Wir hatten jetzt einen Seeturn von 27 Tagen vor uns. Eine angenehme Sache ist es nicht, wenn man bedenkt, 4 Wochen weiter nichts als Wasser und Himmel und die vielen Wachen, 4 Stunden Schlaf und dann den ganzen Tag munter und fidel sein. Das Essen wurde auch immer weniger und wie oft haben wir Hunger gelitten. 12 Ochsen haben wir an Bord genommen, aber das Fleisch, wo blieb es? 2mal in der Woche Frischfleisch sollte es geben, aber wo war das Fleisch? –

Wetter und Wind waren uns günstig; wir haben durchweg gesegelt. Eine äußerst starke Strömung herrscht hier an der Küste von Süd-Amerika. Wir haben z.B. zeitweise 4 Knoten (der Knoten = einer Seemeile = 1852 m) die Stunde gemacht, also 4 Knoten mit der Strömung und 3 Knoten mit einer äußerst flauen Brise, zusammen 7 Knoten die Stunde. Bemerkenswertes ist auf dieser Reise nicht vorgefallen; bisweilen eine kräftige Brise, so daß wir unsere Segel dicht reffen mußten; ein Wolkenbruch, bei welchem sämtliche an Bord befindliche Baljen (ca. 80 Stück) vollgefüllt wurden; daß wir 2mal durch und durch naß wurden, nichts mehr anzuziehen und zu essen hatten, ist ja Nebensache. So verging ein Tag nach dem anderen. Am Sonntag, den 5. Dezember kam etwas Abwechslung in unser einförmiges Leben. Morgens um 7 h hatte ein Delphin an der Haiangel gebissen. Glücklich war der Fisch bis in die Höhe der Reeling gezogen, da riß er durch seine eigene Schwere durch und wir behielten nur den Kopf zurück. Nun hatten wir aber auch achtern durch die Heckpforte eine Haiangel ausgeworfen. Kurz vor der Andacht hieß es plötzlich, ein Hai an der Angel. Das Rettungsboot wurde klar gemacht und das Schiff durch verschiedene Manöver zum Stehen gebracht. Herr Lieutenant Förster feuerte mit einer kleinkalibrigen Büchse auf den Hai, aber er war nicht tot zu kriegen. Mit ca. 30–40 Mann mußte nun der Fisch vorsichtig aufgeholt werden. Um die Schwanzflosse wurde ein Ende mit einer Schlinge geworfen und die Schlinge dichtgezogen; mit der Schwanzflosse konnte er also kein Unheil mehr anrichten. Nun aber Vorsicht vor dem kleinen Mäulchen, aber das wurde ihm gar bald dicht gemacht. Ein Bootshaken wurde dem Hai ca. 1½ m tief in Rachen gesteckt und nun machte er kolossale Kraftanstrengungen, um sich loszureißen, aber wir hielten ihn eisern fest. Im Triumph wurde er auf das Vordeck geschleift und ausgeweidet. Das ganze Schiff roch noch stundenlang nach dem Hai. –

An diesem Sonntage war Confirmation an Bord. 2 Jungens, Thieme und Blenn, waren, wie nachträglich festgestellt wurde, noch nicht confirmiert, weshalb sie von unserem Pfarrer Unterricht erhielten und späterhin noch eingesegnet wurden. –

Bis kurz vor Trinidad segelten wir, dann wurde Dampf aufgemacht und am 10. Dezember liefen wir in den Hafen von Trinidad, „Port of Spain" genannt, ein. Ungefähr 2 Seemeilen (3704 m) liegen wir vom Lande ab. Wir hofften hier unser Schwesterschiff „Stein" zu treffen. Die „Stein" befand sich jedoch z.Zt. in Haiti[14] und auch wir warteten auf die Order nach Haiti zu gehen. Zu unserem größten Verdruße war die Angelegenheit auf Haiti schon wieder geregelt und so blieben wir in Trinidad während unsere Kameraden „Klar Schiff zum Gefecht" machten. Während der ganzen Zeit, wo wir in Trinidad lagen, sind wir nur einmal an Land gekommen. Besonders viel war eigentlich nicht zu sehen an Land; Obst durfte bei strenger Strafe nicht gekauft werden. Draußen vor der Stadt lag ein großer schöner Park, in welchem wir furchtbar viel Wasser vertilgten.

Trinidad ist englische Besitzung. Durch das Ansiedeln der Kulis und durch ihre Erfahrungen im Colonisieren eines Landes ist es den Engländern gelungen, großen Nutzen aus der neuen Kolonie zu ziehen.

Unter Kulis versteht man im allgemeinen die Chinesen, jedoch auch Mulatten, Malayen und Nigger werden Kulis genannt. Die Engländer, welche ihre Agenten in Indien, China usw. haben, verschreiben sich diese Art Leute. Bedingungen sind folgende:

Die Regierung verpflichtet sich den Mann unentgeltlich an seinen Bestimmungsort zu bringen und für das Unterkommen des Mannes zu sorgen. Der Mann erhält täglich ½–1 Dollar. Hierfür verpflichtet sich der Kuli 10 Jahre in dem Lande zu bleiben. Ist der Mann 10 Jahre in dem

---

14   Die „Stein" war im Einsatz im Rahmen der sog. „Lüders-Affäre".

Lande gewesen, so hat er größtenteils seine frühere Heimat vergessen. Nun kommt der Engländer und sagt: Freund, hier hast du 200 Dollar und ein Stück Land. Wenn du hierbleibst, so ist es dein unumschränktes Eigentum.

In vielen Fällen bleibt nun der Kuli und die Engländer haben ein fleißiges, arbeitsames Volk auf ihren Besitzungen. –

Mittlerweile ist Weihnachten immer näher gekommen und auch wir beginnen Vorbereitungen zu treffen. Am 22.12. war Inspizierung vor dem Commandanten, worauf am Nachmittage „Vorbereitung zu Weihnachten" gepfiffen wurde. Zu diesem Zweck hatten wir nun den ganzen Nachmittag von 1–5 h frei. Die Herren Offiziere brachten buntes Papier und Klebestoff, eine Schere soll jeder Mann besitzen und nun ging das Schnippeln los. Ketten, Sterne, Kränze, Transparente usw. wurden in Unmengen gemacht. Aber der Baum, wo einen Baum herbekommen? Nun, ein Seemann muß alles können und so pfuschten wir denn unserem lieben Herrngott ein bißchen ins Handwerk und bauten uns ein Christbäumchen. Besenstiele waren verschlossen, wo nun den Stamm aus verfertigen? Aber der Schiffsjunge darf sich alles besorgen und so mußten denn die Hühner der Offiziersmesse uns ihre Sitzgelegenheit abtreten. Im Anfang machten sie ja Radau, so daß das Unternehmen bald schief gegangen wäre. Sehr einladend sah die Stange ja auch nicht aus, aber mit Sand und Segeltuch bearbeitet muß ein jeder Dreck weichen. Der Zimmermann mußte den Stamm nun sauber hobeln und nach 1 Stunde wußte keiner mehr, wo der Stamm herkam. Mit großer Mühe wurden nun die Zweige und Zweiglein geschnitzt und dann das Ganze zu einem hübschen Bäumchen zusammengesetzt. Alles war klar. Nun runter zum Maler und den solange belämmert, bis er, um die Quälgeister loszuwerden, etwas grüne Wasserfarbe und einen Pinsel herausrückte. Jetzt hatte unser Baum auch Naturfarbe. Der 24. Dezember war nun auch angebrochen. Am Morgen wurde eins unserer größeren Boote ausgeschickt, um „Grünes" zu holen. Während dieser Zeit schmückten wir das Achterdeck aus. Um 8 h morgens war eine kurze Musterung und dann Freizeit. Die Backen[15] wurden runtergeschlagen[16] und nun begann das Ausschmücken der Bäume, der Batterie usw. Es war

15 *Tische.*
16 *runtergeklappt.*

wirklich wundervoll. Unser Divisionsoffizier brachte und noch kleine Lichter zu unserem Baum und hatten wir einen geradezu entzückenden Baum. Mittlerweile war das ausgeschickte Boot zurück mit Palmen hoch beladen. Was wir reppen konnten, das wurde gereppt, so daß wir an unserer Back wie in einem Palmenhain saßen. Zu guterletzt überließen wir der Seecadettenmesse noch einen Baum, wofür wir denn 12 Flaschen Bier und 50 Zigarren erhielten, einen Kauf, den wir uns wohl gefallen lassen konnten.

Die Uhr ist 3 nachmittags, da heißt es: Alle Mann Kartoffelschälen! Wir schälen immer feste darauf los, auf einmal schreit einer „Briefe" und richtig da war der Zwischendeckswachhabende mit einem großen Stoß Briefe – die Freude unbeschreiblich. Wohl die wenigsten sind leer ausgegangen. Nachher wurden Nüsse und einige Pfefferkuchen ausgegeben. Dann reines Arbeitszeug angezogen und schließlich zur Kirche angeschlagen. An Bord war der Konsul mit seiner Gemahlin und Tochter. Unser Pfarrer hielt eine kurze, kräftige Rede. Hierauf redete der Kapitän und endete mit einem Hurrah auf SM. Es folgte nun die Verlosung. Hierbei gewann ich eine Pfeife und eine Tabakdose, die ich späterhin gegen einen Carton Briefpapier umtauschte. Der Commandant mit seinen Offizieren begann nun eine Besichtigung des Schiffes und war hocherfreut über all die schönen Sachen, die die Jungens jawohl, als auch die Mannschaften verfertigt hatten. Da die Besichtigung ist zu Ende, da fängt der Magen an, sich bemerkbar zu machen, aber auch er wurde bald befriedigt, denn es gab Kartoffeln mit Sauce und schön durchgebratenes Rindfleisch. Zu trinken gab es das sogen. Marine-Hurrawasser, aus Rotwein, Wasser und Zucker gebraut und zwar soviel, daß, nachdem wir einen herzhaften Schluck getan, nichts mehr von dem Getränk zu sehen war.

Wir hatten am heiligen Abend eine Temperatur von 26° im Schatten, hierzu kam nun noch die Hitze von den Lichtern usw., so daß wir wenig gerechnet eine Temperatur von 33° hatten. Nun stelle sich einer den Durst vor, weiter nichts zu trinken als Wasser und dieses noch lauwarm. Soviel Wasser habe ich noch nie vertilgt wie am 24.12. So bei Kleinem fing die Langeweile an uns zu plagen und da wir um 8 h unsere Hängematten erhalten hatten, so beschlossen wir dann, uns schlafen zu legen (um 10 h). Die Feiertage verliefen still und ruhig, ohne etwas Besonderes für die Mannschaften mit sich zu bringen. Vergessen habe ich noch, daß am 24. ein englisches Geschwader, bestehend aus 4 kleineren, schwach armierten Schiffen in Trinidad einliefen. Am 25. abends gegen 7 h fiel bei den Engländern ein Mann über Bord. Trotz der vereinigten Bemühungen, sowohl von unserer Seite wie von den Engländern, gelang es nicht, den Mann zu retten. Er starb einen echten Seemannstod.

Am 29. verließen wir Trinidad und fuhren nach 2 Tagen in den Hafen von La Gnayra ein.

La Gnayra, berüchtigt wegen der hohen Meeresdünung, die im Hafen herrscht, ist rings von furchtbar hohen Gebirgen eingeschlossen. Es ist die Hafenstadt von Französisch-Guayana.

Abends gegen 5 h waren wir eingelaufen. Alles war schon wohl vorbereitet zur Sylvesterfeier. Und der I. Kutter fuhr mit den Stewards an Land. Nach ¾ Stunden heißt es: „Mann über Bord" und alles stürzt, wenn auch nicht erschreckt, so doch ein wenig erregt auf seine Manöverstation. Gott sei gedankt, ein Menschenleben hatten wir nicht zu beklagen, wohl aber unseren Kutter. 2. Kutter, erste Jolle klar und flugs waren die Boote bemannt. Unsere Jolle (zu deren Besatzung auch ich gehöre) konnte fast das ganze Kuttergeschirr bergen, außerdem aber auch viele Apfelsinen, Brot, Fische usw. Von dem Brot und den Apfelsinen sah der Steward niemals etwas wieder.

Die Stimmung war erheblich gesunken und alles war etwas mißgestimmt. Bald war denn auch Abendbrot und hierauf sollte der eigentliche teil beginnen. Um 8 h gab es Hängematten, um 9 h Theatervorstellung. Etwas besonderes oder wirklich erwähnenswertes gab es nicht. Die Jungens, die mitwirkten, betrugen sich nicht gerade nett und wurde das Ganze später stark von unserem Kapitän moniert (*ein Grund, weshalb zu Kaisers Geburtstag[17] gar nichts gemacht wurde). Hiernach wurde getanzt und zum größten Gaudium der Mannschaft um ½12 h der Frischwassertank vollgepumpt. Um 12 h allgemeines „Prosit Neujahr" schreien und nach und nach leerte sich das Oberdeck. Diejenigen, welche in der Hängematte lagen, wurden gerauscht. Am Oberdeck wurden zur Feier Sternsignale abgeschossen.

Neujahr war für uns mau. Von morgensfrüh bis abendsspät im Boot gesessen und nach dem Kutter gefischt. Aber alle unsere Bemühungen

17 *27. Januar.*

waren vergebens. So gegen ½5 h war eine allgemeine Spannung eingetreten, denn der Drachen[18] von unserem Boot hatte gefaßt. Kolossale
Anstrengung kostete es uns, um mit dem Boot vorwärts zu kommen
und als der Drachen gelichtet wurde, war an dem Drachen zwar nicht
der Kutter, aber doch ein alter verrosteter Anker. So hatten wir doch
etwas für unsere Bemühungen. Am Montag dasselbe. Bis mittags 5 h
waren unsere Bemühungen fruchtlos geblieben und schon hatten wir
die Hoffnung aufgegeben, den Kutter wieder zu fischen, als wir mit unserem Boote trotz der größten Anstrengungen nicht vorwärts kamen.
Neues Hoffen; mit frischem Mut gingen wir an die Arbeit und siehe da,
wir hatten die Fangleine (*Fangleine ist ein vorne im Boot angebrachtes
ziemlich starkes Ende. Wird hauptsächlich zum Schleppen und Fest-
machen der Boote verwendet) des Kutters gefischt. Der Kutter stand
im Wasser auf und nieder und konnte nur mit der größten Vorsicht
aufgeheißt werden. Große Schäden hatte der Kutter gar nicht. Ein paar
Planken waren eingedrückt, das Dollbord zerbrochen und der Spiegel
eingedrückt. Diese Schäden wurden späterhin vom Zimmermann aufs
Beste wieder ausgebessert und jetzt ist der Kutter schon wieder seetüch-
tig. –

Am 4. Januar gingen wir von La Gnayra, kreuzten in der Umgegend
von Haiti herum und liefen am 10. Januar 1898 in den Hafen von Jacmel
ein.

Jacmel, die II. Hauptstadt von Haiti, wird durchweg von Negern bewohnt. – Die Insel Haiti wird in 2 Staaten eingeteilt. Im Osten haben
wir die Mulatten Republik mit der Hauptstadt San Domingo und im
Westen die Negerrepublik Haiti mit den Hauptstädten Port au Prince
und Jacmel. Es ist dies wohl die einzige Insel, auf welcher wir noch
eine ziemlich geordnete Negerrepublik haben. Ursprünglich war das
Land in französischen Händen. Als aber die Freilassung der Sclaven in
Amerika erfolgte, zogen sich eine Unmenge Neger und Mulatten auf
Haiti zusammen und begannen einen erfolgreichen Vernichtungskrieg
gegen die Franzosen unter der Führung des Negerhäuptlings Domi-
nique Toussaint[19]; geriet späterhin durch einen nichtswürdigen Verrath

---

18 *Draggen.*

19 *François-Dominique Toussaint Lóuverture (1743–1803) ist ein haitianischer*
    Nationalheld afrikanischer Herkunft. Er war einer der ersten Anführer der

der Franzosen in deren Hände und wurde erschossen. Die Franzosen verzichteten späterhin auf die Insel und Neger und Mulatten theilten sich in die Insel. – die Bevölkerung spricht durchweg französisch und in den Schulen wird der Unterricht französisch gegeben. Die katholische Religion, meint man, hat hier festen Fuß gefaßt, soll aber nach der Meinung unseres Pfarrers nur rein äußerlich betrieben werden. Die eigentliche Religion der Bevölkerung wird ganz im Geheimen betrieben und treten hierbei die Zauberer in Kraft mit ihren Schlangen usw., auch Menschenopfer sollen bei diesen Feierlichkeiten an der Tagesordnung sein. So wurde eine Frau verhaftet, die ein kleines Kind geraubt hatte. Sie gestand diesen Raub, wurde aber auf höheren Befehl frei gelassen mit dem Nachsatz, daß derjenige, welcher es wagen sollte, dieser Frau ein Härchen zu krümmen, den Zorn des Präsidenten zu fürchten habe. Die angesehensten und ersten Personen dieser Republik sind eben Anhänger dieser Religion.[20] Bis jetzt ist es noch keinem Fremden gelungen, einer dieser Feierlichkeiten beizuwohnen.

Das Land soll bei einer richtigen Behandlung eins der fruchtbarsten sein. Leider aber gelingt es den Europäern nicht, Grundbesitz im Innern des Landes zu bekommen. Ein Gesetz verbietet nämlich jedem Europäer festen Grundbesitz im Lande zu erwerben. Da müssen denn die Gesetze umgangen werden. Der Europäer sucht sich einen Neger aus und instruiert ihn. Nach nicht langer Zeit kommt der Europäer, führt Klage über den Neger und sagt hier, so und soviel ist er mir schuldig, bezahlen kann er nicht, sein Hab und Vermögen muß mir verschrieben werden und der Kläger wird Zweit-Eigenthümer des Besitzes und der Neger erster Verwalter.

Während unseres Aufenthaltes in Jacmel war die Stimmung gegen uns eine ziemlich gespannte. In der Stadt sieht es schauerlich aus. Vor Jahren war Jacmel von einem großen Brande heimgesucht.[21] Die Trümmer

---

lateinamerikanischen Unabhängigkeitsbewegung sowie der Befreiung schwarzer Sklaven. Er besetzte bei der haitianischen Revolution eine maßgebliche Führungsposition, die am 1. Januar 1804 – neun Monate nach seinem Tod – zur Unabhängigkeit des Landes führte.

20 *Er meint vermutlich Voodoo, eine überwiegend kreolische Religion, die in Haiti und anderen Teilen Amerikas und in Afrika beheimatet ist.*

21 *1896 war der große Brand.*

und traurigen Überreste stehen noch da und alles was die Regierung gethan hat ist, daß sie um einige öffentliche Schuttplätze Umzäunungen angebracht hat. Die Straßen sind zum Theil gepflastert, die meisten aber müssen von der Natur unterhalten werden; wie diese daher aussehen, kann sich einjeder leicht vorstellen. Auf unserem Spaziergange kamen wir an einen Fluß und hier bot sich unseren Augen ein sonderbares Schauspiel dar. Im Flusse saßen die Negerweiber, bekleidet nur mit einem Überwurf. Auf einem Stein hatten sie ihre Wäsche, seiften diese ein und bearbeiteten das Zeug mit einem Stück Holz. –

Obst, namentlich Apfelsinen waren spottbillig, so erhielten wir z.B. für 10–15 cents (20–30 Pfennige) 20–22 Apfelsinen.

Bekannt wird die Affaire mit dem Kaufmann Lüders[22] auf Haiti sein. - Der Kaufmann Lüders wurde von der Haitianischen Regierung verhaftet und zwar weil er Beamte der Regierung thätlich angegriffen haben sollte. Thatsache ist, daß der p. Lüders die Beamten auf unsanfte Art und Weise aus seinem Hause entfernt hat. Die Umstände sind folgende: Haitianische Beamte (Neger, welche eine Schirmmütze tragen und mit einem Palmenstock bewaffnet sind) drangen unerlaubter Weise in die Besitzung des p. Lüders ein, um einen seiner Kutscher zu verhaften. Nun darf nach den auf Haiti bestehenden Gesetzen kein Beamter ohne einen von der Staatsanwaltschaft ausgefertigten Vollmachtsschein in das Gehöft eines Einwohners eindringen. Lüders, welchem dieses Gesetz bekannt war, warf die Beamten eigenhändig zur Thüre raus, wobei es ohne die üblichen Rüffel, Knüffe und Ohrfeigen nicht abging. Bald darauf wurde Lüders verhaftet und zu 4 Wochen Gefängnis verurtheilt. Lüders, welcher der Sohn einer Haitianerin und eines Deutschen ist, nebenbei seiner Militärpflicht in Deutschland genügt hat, machte seine Rechte beim deutschen Konsulate geltend. Graf Schwerin (deutscher Geschäftsträger beim Präsidialamt) hatte ja denn auch das Weitere veranlaßt. Bemerkenswert ist noch der Ausspruch des Vertreters

---

22 *Emil Lüders war ein deutscher Staatsangehöriger, der in eine Schlägerei mit der Polizei nach der Verhaftung eines seiner Protégés (Dorléus Présumé) verwickelt war. Ein Polizeigericht verurteilte die beiden daraufhin zu einem Monat Freiheitsstrafe. Ihr Widerstand gegen diese Urteilsverkündigung führte dazu, dass die Strafe auf ein Jahr verlängert wurde. Daraufhin trat die deutsche Auslandsvertretung zu Gunsten Lüders ein.*

der Vereinigten Staaten. Mit den Verhältnissen bekannt gemacht, ging er zum Präsidenten und sagte: „Mr. Lüders is my friend, I will see him in liberty." (Herr Lüders ist mein Freund, ich will ihn in Freiheit sehen.) Ferner machte er die Andeutung, dass es von Amerika nicht so weit als von Deutschland nach Haiti sei. Unser Kaiser äußerte auf die Frage, welche Schiffe hingesandt werden sollten: „Ach, um das Negervolk in Schranken zu halten, werde ich meine Schiffsboys hinschicken." Der weitere Verlauf ist ja bekannt. Haiti mußte eine empfindliche Geldstrafe an den p. Lüders zahlen. Von unseren Schiffen lagen in Port au Prince (Hauptstadt) SMS „Stein", „Geier"[23], „Charlotte"[24] und die „Gneisenau", welche Jacmel im Auge behielt.

Am 15. Januar verließen wir Jacmel nachdem am Vorabend sich noch sämtliche in Jacmel befindliche Deutschen an Bord versammelt hatten. Drollig waren die Zustände für die Deutschen hierselbst. Der Präsident hatte nämlich u.a. verlauten lassen, daß er für den Fall, daß Port au Prince bombadiert werden würde, alle in Haiti wohnhaften deutschen ermorden lassen wollte. Zu diesem Zweck hatte die Stadtverwaltung von Jacmel eine Liste sämtlicher daselbst wohnhaften Deutschen aufgestellt. Durch Bestechung gelang es den Deutschen von dieser Liste Kenntnis zu bekommen. Ein jeder Deutscher hatte eine Nummer, die Todesnummer, erhalten. Famos ist nun die Erklärung eines Stadtoberhauptes dem deutschen Konsul gegenüber. Ja, meinte dieser würdige Mann, dich können wir ganz gut leiden, auch hast du uns nichts gethan, dafür sollst du auch zuletzt getötet werden. Nur einen jungen, erst kürzlich herübergekommen Kaufmann, wollten sie verschonen. Auf Befragen, was sie wohl vorgenommen hätten, antworteten uns die Deutschen, wir hätten mit unseren Waffen und auf die Feigheit der Eingeborenen rechnen müssen. Nachdem wir Jacmel verlassen haben, machten wir verschiedene Stationen. Wir untersuchten Ankergründe, Brandungsplätze, nahmen Vermessungen vor usw..

Am Sonntag, den 23. Januar liefen wir in den Hafen von Havanna auf Cuba ein. Diese Insel, bekannt wegen des dort herrschenden Auf-

---

23 *Kleiner ungeschützter Kreuzer.*
24 *Wie „Gneisenau" und „Stein", Kreuzerfregatte und Schulschiff.*

standes[25], entsprach eigentlich ganz und gar nicht unseren Erwartungen. Fragt man jemanden, was gibt es in Havanna, so lautet die Antwort wohl meistens Tabak und Aufstand und wahrlich vielmehr ist dort auch nicht. Auf einem Spaziergange durch die Stadt sahen wir eine Unmenge Invaliden aus dem Insurgentenkriege in der Stadt umherlungern und traurig und öde sah es aus in der Stadt. Verschiedene Denkmäler, eine schöne Allee, das ist alles von Havanna. Von den großen, so sehr berühmten Havanna Cigarren bekamen wir wohl welche zu sehen, aber um welche zu kaufen, dazu reichte unsere Barschaft denn doch nicht. Für 1 Cigarre 1,20 M zu bezahlen, das ist Verschwendung. Also alle unsere guten Vorsätze, echte Havannas mitzunehmen, scheiterten an den enormen Preisen. Das einzig gute waren die Ananas, die wir hier für 25–30 Pfennige kaufen konnten. –

Am 25. Januar wurde einer der Haupt-Insurgentenführer in seiner nicht weit vor der Stadt gelegenen Villa erschossen. Der Name ist mir entfallen. Es war ein junger Mann von 24–25 Jahren, der den spanischen Truppen empfindliche Schlappen beigebracht hatte. Heimlich hatte er sich zu seiner Frau geschlichen, war jedoch bemerkt worden und da auf seinen Kopf eine Belohnung von 5000 Dollar stand, wurden die Polizei und Militär benachrichtigt. Der junge Mensch wurde auf seinem Bette erschossen. –

Gespannt ist das Verhältnis zwischen Spanien und Amerika. Während unseres Aufenthaltes in Havanna lief ein schmucker amerikanischer Kreuzer[26] in den Hafen ein. 1 Tag wartete der Hafencommandant, ob der Amerikaner den Hafen verlassen werde. Als dieser gar keine Miene machte, verbot der Commandant (ein spanischer Admiral) dem Amerikaner den Hafen. Wer sich nicht rückte und rührte war mein Amerikaner. Endlich setzte der Hafencommandant ein Ultimatum fest bis zum 26. mittags 12 h, oder er würde andere Maßregeln ergreifen. Wer nicht rausging war mein Amerikaner. Schließlich haben sie sich denn in Güte

---

25 *Der Kubanische Unabhängigkeitskrieg (1895–1898) ist der letzte der drei Unabhängigkeitskriege gegen das spanische Kolonialreich. Er endete mit der Kapitulation der spanischen Truppen angesichts des Kriegseintritts der USA in den nun folgenden Spanisch-Amerikanischen Krieg.*

26 *Er meint die USS „Maine". Sie explodierte am 15. Februar im Hafen und war Auslöser des Spanisch-Amerikanischen Krieges.*

geeinigt. Dem Spanier wäre es aber auch schlecht ergangen, hätte er den Amerikaner beschossen. Ein Geschwader von 6 amerikanischen Schiffen kreuzte fortwährend vor der Einfahrt zum sofortigen Einschreiten bereit. Das wäre denn alles über Havanna.

Von Havanna fort gingen wir nach Key-West, einer kleinen Insel, welche der Halbinsel Florida vorgelagert ist. Von Key-West selber haben wir nichts gesehen. Wir lagen ca. 3–4 Knoten[27] vom Lande ab. Schlechtes, rauhes und regnerisches Wetter herrschte hier, im Gegensatz zu Havanna, wo wir noch bis zu 28° Wärme hatten. Ein ziemlich harter Verlust traf mich noch in Havanna. Von zu Hause hatte ich Geld bekommen. Da hatte ich mir denn ein schönes Portemonnaie gekauft und mit 6 M Inhalt in meine Kiste gestaut; wie ich es holen will, war der Vogel raus. Furchtbar habe ich mich geärgert. Na nun mußte es auch ohne dem gehen und es ging ganz famos. –

In Havanna und Key-West lagen wir mit unserem Schwesterschiff „Charlotte" zusammen. Nachdem wir unseren Kohlenvorrath ergänzt hatten, verließen wir zusammen mit der „Charlotte" Key-West, wir um nach den Azoren zu laufen, die „Charlotte" nach England. 3 Tage liefen wir zusammen. Am 11. Februar trennte sich die „Charlotte" von uns. Bisher hatten wir gedampft und da jetzt eine günstige Brise aufkam, wurden alle Segel gesetzt. Am Sonnabend, den 12. fuhren wir durch eine schwimmende Insel. Es war hier eine Fläche von ca. 300 m Länge und bestand aus einer Art Seetang. In derselben waren Planken und Bretter aller Art. Unser Kapitän ließ eine Menge von diesem Zeug fischen. Riechen oder vielmehr stinken that das Zeug ganz fürchterlich, weshalb wir es bald wieder fierten. Bis jetzt hatten wir noch sehr schönes Wetter, aber nur zu bald sollte es anders werden. Hatten wir vorher schon über Hunger geklagt, so sollten wir auf dieser Fahrt erst gewahr werden, was Hunger heißt und noch dazu arbeiten, bisweilen schwer arbeiten und wenig schlafen. Aber wir thaten unsere Pflicht und Schuldigkeit, wie es sich gehörte. Bis zum 16. Februar hielt das gute Wetter an, aber schon fing der Wind an aufzufrischen. Immer höher und höher wurde die See, der Wind fing an, immer kräftiger zu blasen und der I. Offizier sah sich genötigt, die Marssegel dicht zu reffen, das Kreuzmarssegel mußte fest gemacht werden. In die Batterie, so sehr sie auch gerichtet war, drang

27 *Seemeilen.*

das Wasser durch alle Risse und Öffnungen, so daß alles unter Wasser stand. Ferner mußten die Seitenboote (Kutter und Jollen) aufgetoppt werden, damit sie uns nicht von der See weggeschlagen wurden. Das Schiff lag bis zu 30–33° über, was bei einem Schiff von 74 m Länge und 11 m Breite schon was sagen will. In der Nacht vom 16.–17. hatten wir bis um 12 h Wache. Um 12 h bekamen wir Hängematten und kaum waren wir eingeschlafen, da hieß es „Alle Mann auf, klar zum Manöver" und raus mußten wir, um der Backbordwache zu helfen, Sturmbesan und Sturmfock unterzuschlagen; gegen ½3 h konnten wir wieder in die Hängematten gehen, um um 4 h wieder aufzustehen. Windstärke 9–11, Fahrt machten wir ca. 10–12 Knoten.

17. Februar: Freizeit. Bei dem furchtbaren Seegang irgendwelcher Dienst unmöglich. Damit nun die Mannschaften sowohl wie die Offiziere sich nicht Arm und Bein brechen sollten, wurden überall längs Deck Schlingertaue angebracht. Kuriose Situationen kamen vor, z.B. wurde „die Wache klar zum Manöver" gepfiffen. Im Augenblick nun wo die Leute zum Luk rauskommen, holt das Schiff über und mit dem Kopf zuerst kommt die Mannschaft längs Deck geflogen. Daß kein Unglück passiert ist, ist ein wahres Wunder. Immer und immer wollte sich der Sturm noch nicht legen. Wenn am Tage der Wind abflaute, so konnten wir mit Gewißheit annehmen, daß er am Abend kräftig wieder auffrischte. Mit einer Seelenruhe enterten wir nach oben und refften unsere Segel dicht, die wahrhaft bewundernswert war. Nur einen Wunsch hatten wir und der war, trocken irgendwo liegen zu können und etwas warmes essen. Bisweilen gab es einen Schnaps, aber nur bisweilen. Schlimm hatten wir Rudergasten es. Mit 11 Mann mußten wir das Ruder halten und dann Kurs steuern; dazu Hagel und Regen und recht kräftigen, kalten Wind ins Gesicht, das war ein wahres Vergnügen.

Am Sonntag, den 20. Februar dasselbe Wetter, so daß nur eine ganz kurze Andacht gehalten werden konnte. Am Sonntagabend frischte der Wind immer mehr und mehr auf, das Barometer fiel noch tiefer und alle Vorkehrungen, welche zur Sicherheit nötig waren, mußten getroffen werden. Das gab viel Arbeit. Die Raaen wurden nach oben, hinten, vorne und unten abgestützt, eine Arbeit, die bei dem Seegang große Vorsicht erforderte und mit vielen Schwierigkeiten verknüpft war. Sturmbesan und Sturmfock waren untergeschlagen und mit der größten Ruhe erwarteten wir die Dinge, die da kommen sollten. Was zur Sicherheit geschehen konnte, war gemacht, weiter mußte nun der liebe Herrgott helfen. Fast schien es so, als ob der Wind nachlassen wollte. Das Barometer stieg und beruhigt athmeten wir auf. Wir bekamen Hängematten, was für eine Freude. Aber lange sollte die Freude nicht dauern. Kurz vor 11 h setzte der Sturm mit voller Kraft wieder ein und „alle Mann auf, klar zum Manöver" folgte unmittelbar darauf. Mit dem Schlaf war es vorbei. Ein furchtbares Wetter war aufgekommen. Die ganze Nacht waren wir auf den Beinen und erst gegen 7 h morgens ließ der Wind nach. Jetzt erst konnten wir etwas essen und trinken und hierauf mußten wir uns wachweise waschen. Um ½9 h erhielt die Freiwache Hängematten und schlief bis um ½12 h. Dann wurde Mittag gegessen und um 1 h erhielten wir (die Steuerbordwache) Hängematten und schliefen bis ¼ vor 4 h. Wir hatten ein Wetter hinter uns von dem der Commandant späterhin sagte, etwas derartiges hätte er noch nicht mit durchgemacht und seit 35 Jahren durchfährt unser Capitän alle Meere und hat schon manchen Sturm erlebt. –

In den nächsten Tagen legte sich der Sturm und wir bekamen einen ganz widrigen Wind. Durch den anhaltenden Sturm war unsere Reise um 8 Tage verzögert. Proviant war herzlich wenig an Bord und Kohlen noch viel weniger. So kreuzten wir herum und litten den grauenhaften Hunger und Hunger thut furchtbar weh. Zu allem Übel kam noch hinzu, dass der Destillierapparat nicht functionierte und damit war denn eine große Wassernoth an Bord entstanden. Zeug konnte keins aus Mangel an Wasser gewaschen werden und das Wasser zum Sichwaschen morgens war sehr, sehr knapp bemessen. Daß sich ein Mensch, der dann mal schläft, dann wieder raus muß, um allerlei schmutzige Arbeiten zu machen, dann wieder schläft usw., nicht wohl fühlen kann, wenn er sich nicht ordentlich wäscht, ist klar. Na, auch diese Zeit ging vorüber.

Wir hätten bei dem ungünstigen Winde noch wochenlang herumkreuzen können, um unser Ziel zu erreichen, wenn unser Commandant nicht alles verfeuert hätte. Die letzten Kohlen, alles alte Tauwerk wurde in die Öfen geworfen und verfeuert. Am Sonntag, den 6. März, gleich nach der Sonntagsmusterung, hieß es: „Alle Mann achter raus". Nachdem wir angetreten waren; hielt der Kapitän eine Ansprache an die Mannschaften, in welcher er das gute Verhalten und tüchtige Arbeiten der Jungens und Mannschaften während der letzten Sturmperiode hervorhob. Am Sonntag, nachts um ½12 h warfen wir unsern Anker auf der Rhede von Fayal. Die Azoren umfassen mehrere kleine Inseln. Die besuchteste von diesen ist Horta mit der Rhede Fayal; die ganze Inselgruppe ist in Händen der Portugiesen.

Als wir am Montag aufstanden, sahen wir ein herrliches Stück Erde. Der Hafen ist halbkreisförmig und nach der See hin gänzlich frei. Ringsherum ziehen sich Berge und unten am Strande ganz geschützt lag die Stadt. Freundliche, weiß angestrichene Häuser leuchteten uns entgegen. Die Abhänge der Berge waren sauber bebaut und machten einen wundervolleren Eindruck als die üppige Vegetation in den Tropen. Aber nicht lange Zeit blieb uns, um derartige Betrachtungen anzustellen. Gegen ½7 h kam der erste Kohlenprahm und es begann jetzt ein Kohlen, wie wir es während unserer ganzen Dienstzeit noch nicht mitgemacht hatten. Gar bald war der erste Prahm geleert und mit Schmerzen warteten wir auf den Nächsten. Gegen 8 h kam er dann auch. Na kurz und gut, die ganze Kohlerei ging furchtbar langsam. In der Nacht von 11–12 h stritten die Kerle erst einmal und um 1 h kam dann wieder ein Prahm. So mußten wir denn die ganze Nacht durch kohlen. Gegen 3 h waren wir fertig, dann wurde Anker gelichtet, sich gewaschen und um 4 h dampften wir fort. Die II. Division hatte schon vorher geschlafen (3 Stunden), mußte Posten stellen, während die 3 anderen Divisionen bis um ½8 h schlafen gingen. Von den Azoren aus gingen wir unter Dampf. Unser nächster Hafen war Rotterdam. Der Wind war ungünstig und so gaben wir es dann nach vergeblichen Versuchen, die Segel voll zu halten, auf unter Segeln weiterzufahren. Mittlerweile war es schon recht kalt geworden. Am 18. März lagen wir vor der Maas-Mündung und konnten des dichten Nebels wegen nicht einlaufen. Kurz vor 12 h klarte der Nebel auf und nun ging es weiter. 4 Stunden lang fuhren wir die Maas hinauf, welche hier eine Breite von ca. 10–12 m (?) hat. Da nun das Wasser, d.h. das Fahrwasser ein ziemlich schlechtes ist, so war das eine äußerst anstrengende Tour. Wir lagen jetzt im Hafen und zwar in einem Hafen, wo es Kommißbrot gab und was das für die Mannschaft hieß, kann nur der beurtheilen, der die furchtbare Hungercour mit durchgemacht hat. Schon am selben Abend begann ein reger Verkehr an Bord. Es kamen Schlachter, Bäcker und Tabakhändler an Bord, um ihre Ware anzubieten. Mit unseren pecuniären Verhältnissen stand es ziemlich mies und über allzu großen Verdienst werden die Leute sich wohl nicht beklagt haben können. Es gab sehr guten und auch preiswerthen Tabak, ebenso sehr gute und starke Cigarren. Am Sonnabend mußte die 1. Division kohlen (ca. 110 t) und wir anderen fingen an, das Schiff und die Takelage klar zur Inspizierung zu machen. Zu diesem Zweck wurden Raaen und Masten gemalt, Stangen geschrabt und geölt und die Takelage gelabsalbt[28], was bei der damaligen Temperatur keine Kleinigkeit war, denn wir hatten eine Temperatur von 1–1½° Wärme. Am Sonntag wurde bis 11 h das Schiff außenbords (Steuerbordseite) gestrichen. –

Dem Kommando war von den „deutschen Vereinen" nun eine Einladung für die Mannschaften zu einem Feste überreicht worden, weshalb sich dann gegen 2 h meine Wache (die Steuerbordwache) klarmachen mußte, an Land zu gehen. Zu diesem Zweck hatte der „Bremer Lloyd" uns seinen Verkehrsdampfer zur Benutzung überlassen und bewerkstelligten diese Dampfer (2) den Verkehr mit dem Lande. Um ½3 h waren wir eingeschifft und statt, wie es verabredet war um 2 h in dem fr. Lokale anzukommen, trafen wir erst um 3 h ein, ein Umstand, welcher alle Anwesenden ...

Hier endet am Sonntag, den 20. März 1898 die Beschreibung Emil Ringers „II. größeren Reise". Es folgen aber noch Eintragungen, die er auf den letzten Seiten gemacht hat mit Erklärungen zu Schiffen, zur Kaiserlichen Kriegsflotte, Wetter und Dialogen im Rahmen der Linien-Taufe.

Die üblichsten Takelungen der Schiffe

Ein Mast heißt vollgetakelt, wenn er aus Untermast besteht, Unter-Raa, Marsstenge, mit einer oder 2 Marsraaen, Bramstenge mit einer oder 2 Bramraaen und mit Oberbramraa.

Ein Vollschiff hat drei volle Masten, außerdem ein volles Bugspriet mit Klüverbaum

28 Anteeren des Tauwerks.

*Eine Bark hat zwei vollgetakelte Masten und
einen Besanmast mit Schratsegeln*

Ein Viermastschiff hat vier volle Masten

*Eine Viermast-Bark hat drei vollgetakelte
Masten, außerdem einen Besanmast*

Eine Brigg hat 2 vollgetakelte Masten

*Ein Schoner hat einen vollgetakelten Mast und
einen (Groß) Mast mit Schratsegeln*

*Ein Dreimast-Schoner hat einen vollgetakelten Mast und 2
Masten mit Schratsegeln; bisweilen ist der Fockmast nicht
voll, sondern hat eine gemeinsame Mars- und Bramstenge*

*Ein Gaffel-Schoner hat 2 oder 3 nahezu
gleiche Masten mit Schratsegeln*

Kutter, Yacht und Schlup haben einen Mast mit Schratsegeln

*Galiot, Kuff, Ewer die beiden ersteren sind schonerähnlich
(aber nicht vollgetakelt), der letztere gaffelschonerähnlich;
die beiden letzteren fahren Schwerter*

Der Kaiser Wilhelm Kanal

*verbindet die Elbe bei Brunsbüttel mit der Kieler Bucht bei Holtenau.
Sein Bau wurde 1886 beschlossen; 1887 begonnen und 1895
eröffnet und hierauf dem öffentlichen Verkehr übergeben. Er hat
an jedem Endpunkte eine Doppelschleuse mit je 2 Öffnungen von
150 m Länge und 25 m Breite. Seine Länge beträgt 53 Seemeilen,
die Breite 65–80 m, Tiefe 9 m, Fahrzeit ca. 10 Stunden.*

Baukosten – 156 Millionen Mark

Die Kriegsflotte umfaßte 1898

18 Panzerschiffe 1–4 Klasse	*Offiziere – 959*
13 Panzerkanonenboote	*Ärzte – 116*
21 Kreuzer 1–4 Klasse	*Zahlmeister – 86*
3 Kanonenboote	*Büchsenmacher – 12*
10 Avisos	*Deckoffiziere – 897*
14 Schulschiffe	*Unteroffiziere – 4172*
12 Schiffe zu besonderen Zwecken	*Gemeine – 14992*
91 Kriegsschiffe	*Schiffsjungen – 600*
	21834 Mann

Windstärke-Skala

Beaufort

0 – Windstille   1 – Leiser Zug   2 – Leicht   3 – Schwach
4 – Mäßig   5 – Frisch   6 – Stark   7 – Hart   8 – Stürmisch
9 – Sturm   10 – Starker Sturm   11 – Harter Sturm   12 – Orkan

12 bei Azoren, Barometer schwankt zwischen
740–45. Bis zu 35° übergelegene Reeling mit dem
Wasserspiegel abgeschnitten, Dienst unmöglich.

Aus der Taufe

Der Hofbarbier
Mein Herr der Oberhofbarbier,
berühmt durch seine Thaten,
gab heute früh den Auftrag mir,
mit ihm durchs Meer zu waten
Und mitzunehmen ohne Zahl
An Seif' und Instrumenten.
Was denkbar nur der Erdensohn
An Luft und Qual zu spenden
Das sagt auch schon der Astronom.

Die Gneisenau thut schnell laufen
Und Neptun rief im Donnerton:
Auf, alle Mann, wir müssen taufen,
Nun bin ich hier und das ist gut,
Denn wie ich seh' mit Freuden,
Soll hier viel junges Seemannsblut
Die heilige Taufe erleiden.
Was ich hier in der Pütze hab',
Mag mancher auch wohl fragen
Und jedem der nun neugierig ist,
Will ich es offen sagen,
Das Zeug macht rein, ihr glaubt es kaum,
Denn es ist Linienwasserschaum.
Ein jeder Fleck, ein jeder Dreck
Verschwindet ohne gleichen
Und selbst der affendickste Mist
Muß auf der Stelle weichen.
Nichts schöneres gibt's im Weltenraum
als meinen Linienwasserschaum.
Hartleibigkeit kann, Gott sei Dank,
Ich auch damit kurieren
Und jedermann, der daran erkrankt
Geb' ich es zu probieren;
Drum schafft in eurem Magen Raum
Für meinen Linienwasserschaum
Und jedes Ferkel von Natur
Und auch der Bordbabier
Muß sich den Schmutz abwaschen
Und dazu würden wir alle lachen.
Selbst des Kadetten Bartesflaum
Kennt bald nach Linienwasserschaum.

Der Doktor

Ich bin der Doktor ‚Brech das Bein'
Ist meine Brille noch so klein

So kann ich doch recht gut durchglotzen
Auf Faule, Lahme und auf Protzen.
Daß ich oft selbst ein kranker Mann,
Das sieht man meiner Nase an.
Das Alpenglühn vom Wetterstein
Ist'n Dreierlicht gegen diesen Schein.
Sollt nun noch einem von euch Kranken
Unregelmäßig der Puls wohl schlagen,
Oder einem eine Ohnmacht nahn,
Soll er nicht lange sein im Wahn.
Dies Eisen hier mit langem Stiel
Wird helfen ihm, er weiß nicht wie
Und sollt ich einen zur Ader lassen,
Er macht mir wenig nur zu schaffen.
Mit dieses Messers scharfen Spitzen
Stech ich ihn, daß das Blut aufspritzet.
Nun seid zufrieden und traut fein
Dem guten Doktor ‚Brech das Bein'.
Thut euch nun ruhig zur Tauf' begeben,
Ich schütze euch, ihr bleibt am Leben.

Anmerkungen aus dem „Kalender"

Montag, den 16.8.1897 Reise angetreten
Ankunft in Portland am 20.8.
Abgang den 23.8.
Langweiliges ….
25.8. nahe daran gewesen über Bord zu fallen
3.9. Löhnung empfangen, 50 M Arbeitszulagen
14.9. Kohlen in Porto Grande genommen
16.9. Porto Grande verlassen
Proviant genommen: 6 Ochsen und 2 Hammel
Zum erstenmal einen Hai gesehen
18.9. große Hitze und Temperatur 31° im Schatten
19.9. morgens ½7 h 31° Hitze im Schatten
….. verunglückter Vortrag des ……

Links: Der Untergang der Gneisenau vor Malaga. Die Besatzung versucht sich verzweifelt in die Masten zu retten. Malaga im Dezember 1900. Privatarchiv Gerhard Sturm. Rechts: Emil Ringer ca. 1914. Privatarchiv Reimers.

13.11. großes Kohlen

14.11. Abfahrt von Rio

Sonntag, den 5.12. Delphin und Hai gefangen, Confirmation an Bord

10.12. Ankunft in Trinidad

11.12. Kapitän Geburtstag

24./25.12. traurige Weihnachten

31.12. trauriges Sylvester, Kutter untergegangan

3.1.1898 Kutter gehoben

4.1. Abgang von La Gnayra

7.1. Ankunft in Jacmel

15.1. Abgang von Jacmel

23.1. Ankunft in Havanna

25.1. Einer der Hauptinsurgentenführer in seiner Villa erschossen

29.1. Spaziergang in Havanna

12.2. Eine schwimmende von ab 300 m durchfahren

13.2. Eine versengelte Flasche gefischt (?)

15./16./17.2. Schlechtwetter, Segel dicht gerefft, Sturmbesan untergeschlagen

15.–20. Februar sehr stürmisches Wetter, Marssegel dichtgerefft, Sturmfock und -Besan untergeschlagen, Hilfsbrassen ausgebracht, Sturm, Hagel, Windstärke 9

*26./27.3. Freund Kaltschmidt einen ausgeben, falls das Tagebuch zu
Ende geführt sein sollte
Sonntag, den 6.3. großes Lob des Kommandanten über das tüchtige
Verhalten der Mannschaften bei dem schlechten Wetter
Freitag, 18.3. Ankunft in Rotterdam
20.3. Fest an Land
Noch 97 Tage
Noch 90 Tage*

Anmerkungen des Autors

Hier enden die Aufzeichnungen Emil Ringers. Er verließ ein Jahr später die Gneisenau als Offizier und arbeitete nach dem ersten Weltkrieg als Gefängnisdirektor in Potsdam.

Nur drei Jahre nachdem Emil Ringer dieses Tagebuch verfasste ereignete sich eine Tragödie.[29]

Die Gneisenau war im September 1900 mit 452 Mann Besatzung nach dem Mittelmeer ausgelaufen und wurde im März 1901 zurückerwartet. Nach Aufenthalt in Lissabon und Tanger fuhr es im November 1900 nach Málaga und machte dort u.a. auf hoher See Schießübungen nach schwimmenden Scheiben. Der Hafen von Málaga wird durch eine 700 Meter lange, weit ausschwingende Südmole und eine kürzere Nordmole geschützt, zwischen denen sich eine dreihundert Meter breite Einfahrt befindet. Wegen der starken Strömung ist diese nicht einfach zu durchfahren.

Der Kommandant des Schiffes Kapitän Kretschmann hatte sich entschlossen über Wochenende (15–17. Dezember) auf Reede zu bleiben und war 600 Meter vor der Südmole vor Anker gegangen.

Am Morgen war Sturmwarnung gegeben worden. Laut Augenzeugenberichten war um 10 Uhr morgens noch Windstille, aber bereits um 10.30 Uhr erreichte der Wind eine Stärke von zehn mit sehr starkem Wellengang. Das Schiff ruckte bedrohlich an der 65 Meter langen Ankerkette.

29 *Zum Untergang der Gneisenau siehe: S. Büchner, Andenken an das Schulschiff „Gneisenau", in: Schleswig-Holsteinischer Heimatkalender, 35. Jahrgang (1973), S. 41ff.*

Der Kommandant gab den Befehl Feuer im Betriebskessel zu machen, um den Sturm auf hoher See abzuwarten und nicht von Sturm und Strömung gegen die Mole gedrückt zu werden. Jedoch lief die Maschine nur für kurze Zeit auf vollen Touren, dann fiel der Dampf schnell ab. Die drei Vorsegel wurden daraufhin gesetzt um mit der Kraft des Windes auszulaufen, jedoch war der Sturm zu stark und das Schiff wurde nach Steuerbord gedrückt und die Segel mussten wieder eingeholt werden. Nach kurzer Zeit fiel die Maschine ganz aus und trieb in hoher Geschwindigkeit auf die Mole zu. Der Anker konnte auf dem steinigen Grund vor der Mole nicht fassen und die Gneisenau kollidierte mit der Mole. Steine drangen in den Schiffsboden ein. Kurz darauf ertönten die letzten Glockensignale: „Schotten dicht!", „Alle Mann das Schiff verlassen!", „Rette sich wer kann!".

Während der Evakuierung des Schiffes, wurde es immer wieder von Sturm und Wellen gegen die Molensteine gestoßen. Mehrere Matrosen stürzten ins Meer. Der Kommandant, der Erste Offizier und der leitende Ingenieur wurden von der Kommandobrücke über Bord gerissen.

Fünf Stunden nach dem Aufprall der Gneisenau auf die Mole wurde noch der Feuermeistermaat Krause gerettet, der auf einem Floß vor der Unglücksstelle trieb. 41 Todesopfer hat die Katastrophe gefordert: Der Kommandant Kapitän zur See Kretschmann, der erste Offizier Kapitänleutnant Berninghaus, der Leitende Ingenieur Prüfer, Maschinist Seher, Seekadett Berndt, vier Unteroffiziere des Maschinenpersonals, elf Matrosen und Heizer, neunzehn Schiffsjungen, der Zivilbarbier und der Zivilsteward. Die Opfer des Schiffsunglücks wurden auf dem Englischen Friedhof in Malaga bestattet.

Emil Ringer war nicht an Bord.

In Erinnerung an die Katastrophe ließ die Stadt im Sitzungssaal des Rathauses ein Deckengemälde fertigen, das den Untergang der Gneisenau und die Rettung der Besatzung im Bild festhält. 1909 wurde eine Brücke von den Deutschen gestiftet, um der Stadt für ihre Hilfe zu danken.

Die Magdeburger Bildhauerschule in Glückstadt – Leben und Wirken Georg Kriebels, Hofbildhauer Christians IV (1583–1645)

Denny Krietzsch

Viel ist über die Bildhauer der Renaissance und des Barock geschrieben worden, die jene Epochen prägten, bzw. deren Bildwerken heute erhalten und präsent sind. Wenig indes ist von dem Bildhauer bekannt, dessen Rolle und Einfluss auf die norddeutsche und speziell schleswig-holsteinische Bildhauerkunst des 17. Jahrhunderts weithin größer gewesen sein dürfte, als heute angenommen – dem Glückstädter Hofbildhauer Georg Kriebel. Häufig nur als Randnotiz in kunsthistorischen Darstellungen erwähnt, ist es in der Tat schwierig, jenem Künstler Kontur zu geben, dessen Lebenswerk größtenteils zerstört und nur in wenigen gesicherten Arbeiten überliefert ist. Wer also war der Bildhauer, der seinerzeit bereits so bedeutend gewesen sein musste, dass er Christians IV. unter so vielen Künstlern als der geeignete erschien, seiner neuen Residenz künstlerisches Flair und Renommee einzuhauchen? Das wenige, was wir über ihn wissen, zeigt, dass er wie kaum ein anderer Bildhauer dieser Epoche für Entwicklungen dieser Zeit im norddeutschen Raum steht. Kriebel verband die bedeutende Magdeburger Bildhauerkunst, die im Dreißigjährigen Krieg jäh ihr Ende fand, mit der Zeit der Wanderkünstler in der aufstrebenden mächtigen Handelsstadt

Hamburg, die Magdeburg als protestantische Hochburg und Ort der Künste beerbte. In seiner letzten Schaffensphase fand er schließlich mit dem Dänenkönig Christians IV. nicht nur einen neuen Förderer, sondern nach der Zerstörung seiner Heimatstadt und dem Gros seines Lebenswerkes, mit der Ausstattung der neuen Residenz Glückstadt eine neue Lebensaufgabe. Auch darin war er ein Kind seiner Zeit. In ihrem Beitrag über fürstliche Kunstförderer des 17. und 18. Jahrhunderts wies Liese Lotte Müller auf den zunehmenden Bedeutungsverlust kirchlicher und bürgerlicher Mäzene in den Städten hin, der unter dem Eindruck des Krieges und der Zerstörung entstand.[1] Sie wurden zunehmend abgelöst von den Adels- und Fürstenhäusern als Mittler und Förderer der Kunst. Miteinander wetteifernd, zogen sie Künstler an ihre Höfe, die diesen Ansehen, Bedeutung und Glanz verliehen. Für die Künstler verhießen sie beständig Aufträge und in den Wirren des Krieges ein Auskommen und Lebenssicherheit. Anhand von Beispielen zeigt Müller, wie im nördlichen Kulturkreis vorrangig die Familienbeziehungen der skandinavischen Fürstenhöfe und der mit diesen verschwägerten norddeutschen Häusern die Entwicklung der Künste vorangetrieben haben.[2] Kriebels Wandel, von einem der bedeutendsten und vielbeschäftigtsten Magdeburger Bildhauer und Unternehmer, der bis dato vornehmlich städtische und bürgerliche Auftraggeber bediente, zum Hofbildhauer Christians IV. ist umso bemerkenswerter, als er diese Strömungen in seiner Person verband. Dennoch ist Kriebel uns heute, von wenigen Ausnahmen abgesehen, vor allem anhand seiner außergewöhnlichen Kleinkunst im Gedächtnis geblieben. Den Werdegang des Künstlers ausgeblendet, zeugen seine Elfenbeinwerke nicht nur von der Kunstfertigkeit des Bildhauers, sie widersprechen auch der bisweilen geringen Rolle Kriebels in Darstellungen zur Magdeburger Bildhauerkunst, die vornehmlich dem Verlust seiner Kunstwerke in den Magdeburger Stadtkirchen nach 1631 geschuldet ist. Eine präzisere Aufarbeitung in der Kunstgeschichte wurde in der Vergangenheit häufig dadurch er-

---

1 *Liese Lotte Müller, Einige fürstliche Kunstförderer des 17. und 18. Jahrhunderts im nördlichen Deutschland, in: Jörg Rasmussen (Hrsg.), Barockplastik in Norddeutschland. (Katalog / Museum für Kunst und Gewerbe Hamburg), Mainz 1978.*

2 *Ebda. S. 11.*

schwert, dass Kunstwerke Kriebels irrtümlich anderen Bildhauern zugeschrieben wurden, etwa dem Bildhauer Franz Julius Döteber aus Celle, einen in Leipzig ansässigen Bildhauer, der nachweislich zumindest
bei einem Auftrag mit Kriebel kooperierte. Andere Werke lassen sich
mangels Vergleichswerken nicht gesichert Kriebel zuschreiben, so dass
zu hoffen bleibt, dass archivalische Quellen zukünftig den entscheiden-
den Nachweis erbringen. Für eine kurze Annäherung an den Künstler,
sollen jedoch an dieser Stelle einige gesicherte Werke Kriebels genügen.

Lebensstationen

Wenig ist von dem Lebensweg jenes Mannes bekannt, der in Quellen in
Leipzig und Kopenhagen als Georg Kriebel, in Lehnsbriefen oder Rechnungen auch als Jürgen Kriebel, Kribell, Grübel und ähnlichen Schreibweisen genannt wird. Lange Zeit war von mehreren Personen oder Generationen von Bildhauern ausgegangen worden, da zumindest ein
Nachkomme gleichen Namens belegt ist. Die Vermutung, dass er die
väterliche Werkstatt weitergeführt haben könnte, ist in jüngeren Nachforschungen jedoch widerlegt worden.[3] Wie Nachforschungen aufzeigen, sind die unterschiedlichen Schreibweisen letztlich orthografischen
Unsicherheiten der Zeit geschuldet, bzw. handelt es sich um skandinavi-
sche Formen. Anhand von Querverweisen in den Quellen zur Person
zeigte sich, dass es sich letztlich um ein und dieselbe Person handelte.
Bisher erstmals urkundlich belegt ist der Bildhauer im Traubuch der
Nikolaikirche der Stadt Leipzig, wo er am 31. März 1611 Ludomilla Meder, Tochter des Organisten Martin Meder ehelichte.[4] Eine Verbindung
nach Leipzig könnte gerade in Bezug zu strittigen Werken in der Bach-
Stadt an dieser Stelle noch bedeutsam werden. Kriebels Herkunft und
seine künstlerische Ausbildung bleiben weiterhin vage. Als Bildhauer in

---

3 *Rudolf Zöllner, Der Borsflether Altar von 1646. Ein verlorenes Kunstwerk des
   Knorpelwerkstils, in: Nordelbingen 42 (1973), S.20 – Georg / Jürgen Kriebel
   d. Jüngere (geb. 1610 in Magdeburg, gest. 1695 in Nes / Norwegen) stand als
   Kapitän zur See in dänischen Diensten und nahm nachweislich an Kriegszügen
   gegen Schweden teil.*

4 *Nachforschungen des Autors zu erwähnten Organistentätigkeiten Martin Me-
   ders in Wurzen und Leipzig blieben bisher ohne Ergebnis.*

Stein, Holz und Elfenbein ist er erstmals ab 1614 nachweisbar. Treffend analysierte Christian Theuerkauf die starken italienische Einflüsse in den Frühwerken Kriebels und seine Anlehnung an die Werke des sächsischen Hofbildhauers Giovanni Nossenis und dessen Mitarbeiter Sebastian Walthers (1576–1645), die auf eine Verbindung nach Dresden zu deuten scheinen.[5] Ein Vermerk in der Trauurkunde von 1611 scheint diese Annahme zu stützen. Hier wird Kriebel als Bildhauer zu Chemnitz genannt, vermutlich dessen Geburtsort. Bedingt durch die geographische Nähe und die starke Ausstrahlung der Dresdner Bildhauer dürfte der Einfluss der sächsischen Hofkunst während seiner Ausbildung zumindest prägend gewesen sein. Die starke Verbindung zur frühen Magdeburger Schule weist zudem auf eine Mitarbeit in der Werkstatt des Bildhauer Sebastian Ertles hin.[6] Eine oft bemühte Mitarbeit Kriebels bei dem wohl bekanntesten Magdeburger Bildhauer Christoph Dehnes erscheint dagegen wenig wahrscheinlich. Beide Bildhauer waren nahezu gleichaltrig und in ihrer Entwicklung mindestens von ähnlichem Niveau. Ihnen gemeinsame Züge lassen vielmehr eine Mitarbeit beider Künstler in der Werkstatt Ertles und eine wechselseitige Beeinflussung zwingender erscheinen. Einziger Beleg für eine Verbindung der drei Bildhauer ist Sophia Wulf, die Ehefrau Sebastian Ertles (1570–1612). Nach dem Tode Ertles heiratete Dehne die Witwe und erwarb damit zugleich dessen Werkstatt und das Bürgerrecht in dieser Stadt. Um 1640 nahm sich Kriebel mit Zustimmung Dehnes der inzwischen erblindeten Frau an, während Dehne als Soldat in Kriegsdiensten diente.[7] Damit ist zumindest eine Verbindung Kriebels mit der vornehmsten

5   *Christian Theuerkauf, Die Bildwerke in Elfenbein des 16.–19 Jahrhunderts., S. 178.*

6   *Auf eine starke Verbindung zur Magdeburger Skulptur um 1600 um Kapup, Ertle und Dehne wiesen bereits H. Möhre und K. Stork hin.*

7   *Im Gegenzug vermachte die kinderlos gebliebene Frau ihre geerbten Ländereien Kriebel, die zuvor im Besitz ihrer Eltern ab 1601, später Ertles (ab 1606) und Dehnes (ab 1617) gewesen waren. Nach den Akten wird Kriebel am 1. September 1640 mit einem 15,5 Morgen umfassenden Acker belehnt. Ob die Frau daraufhin Magdeburg verlassen und nach Glückstadt übergesiedelt ist, geht aus den Akten indes nicht hervor. Vgl. S. Wolf, Sebastian Ertle und Christoph Dehne, Magdeburger Montagsblatt 75. Jg. 1933, S. 398ff.*

Bildhauerwerkstatt Magdeburgs belegt, die, wie Karl Stork bereits 1953 in seinem Beitrag über den Bildhauer resümierte, „formal Kriebels Zugehörigkeit zu diesem Kreis bedeutender Bildhauer bezeugen."[8] Für stilistische Ähnlichkeiten der Bildhauer kann auch das künstlerisches Unternehmertum in Magdeburg kausal sein, dass vermutlich exemplarisch für den Zeitgeist steht. Für die Magdeburger Werkstatt des Bildhauers Lulef Bartels wurde nachgewiesen, dass dieser assoziiert war mit verschiedenen anderen Werkstätten Magdeburgs und quasi als Subunternehmer für diese selbständig Aufträge übernahm und fertigte. Denkbar ist also, dass auf diesem Wege auch bei anderen Bildhauern nicht nur ein Auftrags-, sondern auch ein „Stiltransfer" stattgefunden hat, der eine Zugehörigkeit zu einer Schule oder Werkstatt deutlich erschwert und natürlich auch für die wechselseitige Beeinflussung eine Rolle spielte.[9] Anders als die gegenwärtig gut dokumentierten Bildhauer Magdeburgs des 16. und 17. Jahrhunderts war Kriebel jedoch nicht mit Arbeiten am Magdeburger Dom vertreten, der einzig die Zerstörung 1631 überdauert hat. Dies mag sicher einer der Gründe gewesen sein, dass Kriebel in der Kunstgeschichte lange Zeit zunächst nachgeordnet im Zusammenhang mit der Magdeburger Schule Beachtung fand. In der Geschichtsschreibung findet Kriebel erstmals Erwähnung als Schöpfer der Taufe der St. Thomaskirche (1614) zu Leipzig. Aus den Kirchenrechnungen geht hervor, dass Kriebel bereits zu dieser Zeit eine Werkstatt und Gesellen in Magdeburg unterhielt. Anhand Magdeburger Quellen ist zudem belegt, dass er das Haus „Zur Zinne" besaß, was regelmäßig ein Bürgerrecht voraussetzte.[10] Zu recht hat Stork bereits darauf hingewiesen, dass Kriebel sich 1614 schon „eines gewissen Rufes erfreut haben dürfte", hätte er ansonsten den kostspieligen Auftrag in Leipzig nicht erhalten. Bis zur völligen Zerstörung Magdeburgs 1631

---

8   *K. Storck, Jürgen Kriebel, Hofbildhauer zu Glückstadt", in: Nordelbingen Bd. 21, 1953, S. 99–116.*

9   *P.J. Meier hat in Untersuchen dargelegt, wie Lulef Bartels in den Werkstätten von Christopf Kapup, Sebastian Ertle und Christoph Dehne tätig gewesen ist. P. J. Meier, Untersuchungen zur Plastik des Frühbarocks in Niedersachesen, Niedersächsisches Jahrbuch, 5. Bd., 1928, S. 164/192; ders. Lulef Bartels oder Christoph Dehne? Ebd., 15 Bd., 1938, S. 198/202.*

10 *Storck, 1953, S. 105.*

durch die Truppen Tillys unterhielt Kriebel seine Werkstatt in der Stadt. Aus dieser Zeit sind neben dem Leipziger Werk u.a. Auftragswerke in Hamburg gesichert, wie der 1627 geweihte Kanzelaltar der Waisenhauskirche und der 1630 geschnitzte, riesige Rahmen zum Gemälde „Der Tempel in Jerusalem" von Gabriel Engels für die Katharinenkirche. Beide wurden zerstört.[11] Bereits zu diesem Zeitpunkt hatte Kriebel das Hamburger Bürgerrecht erworben, dem zweiten geistig-kulturellem Zentrum im protestantischen Norden und musste infolgedessen auch Beziehungen in die aufkommende Handelsmetropole unterhalten haben. Völlig unbeachtet blieb bisher in diesem Zusammenhang eine mögliche Verbindung zu dem Hamburger Bildhauer Ludwig Münstermann (1575–1637/38), der ebenfalls wie die etwa gleichaltrigen Dehne und Kriebel, als Mitarbeiter in der Werkstatt Ertles belegt ist. Beide Bildhauer dürften sich aus jener gemeinsamen Zeit in der Magdeburger Werkstatt gekannt und in Hamburg möglicherweise wiedergetroffen und Verbindungen geknüpft haben. Beiden Bildhauern ist der Anklang des italienischen Manierismus in ihren Arbeiten ebenso eigen, wie sie ihre Aufträge vor allem von städtischen Auftraggebern bezogen. Dieser Zusammenhang der Auftraggeberschaft ist m. E. für die Aufarbeitung der Geschichte Kriebels bisher nicht genug gewürdigt worden. So wurde wiederholt am Beispiel der am Dom beteiligten Bildhauer aufgezeigt, wie sich aus demselben Kreis der Auftragsgeber am Dom, zumeist adlige Domherren aus Grafen und Fürstenhäusern, auch weiterführende Aufträge für die Bildhauer außerhalb Magdeburgs ergaben. Im Umkehrschluss können Kriebels städtische Auftragsarbeiten in Leipzig und Hamburg durchaus als Indiz dafür gelten, dass der Bildhauer in Magdeburg sich mit der Ausstattung der Stadtkirchen empfohlen hatte. Kein Zufall, dass die genannten drei Städte weitreichende Handels – und Außenbeziehungen unterhielten. Nach der totalen Zerstörung Magdeburgs durch die Kaiserlichen suchte er ab 1632/33, wie viele seiner Zunft, schließlich in seiner zweiten Heimat Hamburg Zuflucht.[12] Ausgerechnet in jener Stadt also, die sich zuvor gerade noch rechtzeitig vor

11   Storck, 1953, S. 104.

12   In Verträgen und Zahlungsbelägen für Glückstadt 1632 wird Kriebel als „Bildhauer in (oder von) Hamburg" erwähnt, oder es heißt einmal ausdrücklich „Bürger und Bildhauer zu Hamburg", Storck, S. 101.

dem Kriege gerüstet und befestigt hatte, und sich nun anschickte, Magdeburg als protestantisches Zentrum zu beerben.[13] Zahlreiche Künstler zog es von hier an die europäischen Fürstenhöfe, die ihrerseits hochbegabte Künstler auf Dauer an sich zu binden suchten, da sie ihren Residenzen Ansehen, Bedeutung und Glanz verliehen. Jene Gründe dürften auch Christian IV. von Dänemark dazu bewogen haben, sich für seine neue Residenz Glückstadt unter den zahlreichen Bildhauern ausgerechnet die Dienste des vermutlich weithin bekannten und renommierten Bildhauers zu sichern und 1631 Georg Kriebel als Hofbildhauer zu ernennen. Mit der Berufung an einen der bedeutendsten Fürstenhöfe im europäischen und norddeutschen Raum ist zugleich auch die Stellung und Strahlkraft des Bildhauers Kriebel unter den Magdeburger Bildhauern bezeugt, während der heute bekannteste und bedeutendste Vertreter der letzten Periode der Magdeburger Schule, Christoph Dehne, sich dagegen in dänischen Kriegsdiensten verdingte. Vermutlich ab 1633 dürfte Kriebel dauerhaft in Glückstadt gewohnt haben, wo er bis zu seinem Tode lebte und vermutlich überwiegend mit dekorativen Skulpturen beschäftigt war.[14] Hauptsächlich am Ausbau des Schlosses zu Glückstadt beschäftigt, auch Schloss Glücksburg, Glyksborg oder dän. Lyksborg genannt, sind Aufträgen am Lusthaus „am königlichen Hügel", an den Anlagen im Schlossgarten und des Turmes in Quellen belegt. Nach den Rechnungsbeträgen dürfte es sich um recht umfangreiche und prunkvolle Arbeiten gehandelt haben.[15] Leider vermochte

13 *Rassmussen, S. 4.*

14 *Jedenfalls beginnen die Zahlungen für die Herrichtung der Wohnräume des Bildhauers, möglicherweise in einem Nebengebäude der Glücksburg. Storck, S. 104.*

15 *Glückstadts Elb-Told Regnskab 1633–34. Daneben zeichnete Kriebel auch Aufträge gegen, die eher alltägliche Ausstattungsstücke der Innenausstattung betrafen, etwa für Gemächer des Königs. Ferner finden sich Aufträge zur Anfertigung von Blindrahmen für die Leinwände der Maler, Türrahmen oder etwa Fensterläden. Daraus folgerte Karl Storck, dass Kriebel Arbeiten auszuführen hatte, die seiner Stellung am Hofe eigentlich nicht entsprachen. Davon ist indes nicht auszugehen. Vielmehr oblag Kriebel gleich einem Baumeister neben der Außengestaltung auch die gesamte Ausführung der Innenausstattung, für die er die Materiallieferungen gegenzeichnete und Zuarbeiten vergab. Die Ausfüh-*

auch dieses Spätwerk Kriebels, wie schon sein Lebenswerk in Magdeburg, die Zeit nicht zu überdauern. Infolge einer ungenügenden Gründung der Fundamente im feuchten Baugrund musste das von Baumeister Willem van Steenwinckel entworfene Schloss, schnell baufällig geworden, bereits 1708 wieder abgetragen werden. Nach Abriss des Gebäudes finden sich heute auch im Kopenhagener Reichsarchiv keine Hinweise auf den Verbleib der plastischen Arbeiten. Neben den nicht näher bezeichneten Arbeiten für das Schloss und den Garten hat Kriebel für die Schlosskirche den Deckel zur Kanzel und die Taufe gefertigt, über deren Schicksal ebenfalls nichts bekannt ist.[16] Die Schloßkirche wurde etwa 1710 abgebrochen und ihre Ausstattung zum Teil veräußert. Altar, Orgel und Leuchter etwa wurden nach Brunsbüttel verkauft. Eine erwähnte Urheberschaft Kriebels für die übrige Kirchenausstattung hieraus abzuleiten ist jedoch weniger zielführend. Jedoch erscheint die Annahme berechtigt, dass die übrigen Ausstattungsstücke in benachbarten Kirchen eine neue Heimat gefunden haben.[17] Die Vermutung, dass es sich bei der Kanzel in der Glückstädter Stadtkirche um das Werk Kriebels handelt, scheint bei genauer Betrachtung nicht standzuhalten. Ist sie vom Aufbau und von den Motiven deutlich an Kriebels Werk, etwa der Bremer Kanzel angelehnt, unterscheidet sie sich sowohl in der Betonung einzelnen tektonischen Elemente wie Dynamik und Stellung der Einzelfiguren. Ähnliches gilt für die Kanzel in der Nikolaikirche Elmshorn, die vermutlich aus dem Jahr 1642 stammt und den Brand der Kirche im Kriegsjahr 1657 nur leicht beschädigt überstand und in die neue Kirche übernommen wurde. Sicher erhaltene Werke aus dieser letzten Schaffensperiode bleiben die Kanzel des Bremer Domes und als letzte signierte Arbeiten Kriebels die Kanzel, Empore und Taufe in der Kirche in Otterndorf an der Elbe aus dem Jahr 1644, letztere aber wahrscheinlich nur noch eine Werkstattarbeit.[18] Anhand von Urkunden aus dem Reichsarchiv Kopenhagen fertigte Kriebel im Jahre 1641 im Auftrag Christians IV. die Kanzel an, die als Geschenk an den Erzbischof von

rung dieser einfachen Tischlerarbeiten wurde üblicherweise von ortsansässigen Handwerkern ausgeführt.

16 *Storck, S. 103.*

17 *Storck weist bereits daraufhin, Storck, ebd. S. 103.*

18 *Rasmussen, S. 262.*

Bremen gesandt wurde.[19] 1644 wird Kriebel letztmalig im Rahmen von Erbschaftsangelegenheiten in Magdeburg und 1645 im Zusammenhang mit dem Kauf eines Hauses am Kirchplatz in Glückstadt erwähnt.[20] Im gleichen Jahr erscheint sein Name im Glückstädter Läuteregister, so dass anzunehmen ist, das Kriebel verstorben war.[21]

Renaissance oder Barock, die Werke Kriebels

Der zeitliche Rahmen des Kunstschaffens Kriebels umfasst die ersten Jahrzehnte des 17. Jahrhundert, einer Phase des Übergangs von der Renaissance zum Barock, die in der Kunstgeschichte gern auch als eigenständige Epoche des Manierismus bezeichnet wird. Solche Unterscheidungen sind von vorneherein sehr problematisch, da sie nicht alle künstlerischen Phänomene in den verschiedenen Regionen jener Zeit gleichmäßig kennzeichnen und es eigenartige und gelegentlich faszinierende Überlagerungen oder Verschmelzungen gab, bezeichnenderweise etwa in Schleswig oder Sachsen, wo der italienische Einfluss besonders stark war und in sich in Kriebels Werk widerspiegelt.[22] Gerade für die Plastik in der ersten Hälfte des 17. Jahrhunderts wird häufig für den norddeutschen Raum von einem Sonderbarock gesprochen, da hier gemeinsame Züge am ausgeprägtesten gewesen zu sein scheinen: Rassmussen begründet dies vor allem mit der Anwendung des Knorpel- oder Ohrmuschelornaments, „… dass nicht nur die architektonischen Strukturen, sondern teilweise auch die Figuren bizarr überwucherte …" und fast in ganz Norddeutschland anzutreffen ist.[23] Insbesondere in jenen Regionen, die weniger oder nicht vom Dreißigjährigen Krieg heimgesucht wurden und demzufolge nicht im gleichen Maße von einer resignativen Grundstimmung bestimmt blieben, waren Schmuck- und Prachtfreude auch im außerhöfischen Bereich zugleich Repräsentationswille und Ausdruck der Lebensfreude. In den Fürstenhöfen Nord-

---

19 *Glückstadts Bygnings (Material) Regnskab 1639–42. „Bilag Nr. 363".*
20 *Vgl. Rudolf Zöllner, Der Borsflether Altar von 1646. Ein verlorenes Kunstwerk des Knorpelwerkstils. S. 16.*
21 *Vgl. Zöllner, S. 16.*
22 *Rasmussen, S. 5.*
23 *Rasmussen, S. 4.*

deutschlands trat eine solche frühbarocke Ornamentfreude jedoch zumeist hinter der großen Form zurück, wie die Aufträge der Fürsten zu Schaumburg an den Niederländer Adrian de Vries sicher der bekannteste Beleg sind, andere, wie Kriebels Kunst für Christian IV., sich aber ebenso nahtlos einfügen. Ein weiteres Phänomen ist verstärkte Ausbreitung wichtiger Einflüsse, wie das Beispiel der Magdeburg Schule belegen. Als einer der wichtigsten Schnittstellen bündelten sich hier die künstlerischen Beziehungen zwischen Ober- und Niedersachsen, Braunschweig und Mecklenburg – und wirkten anziehend und ausstrahlend zugleich. Seit Ende des 16. Jahrhunderts setzten die Bildhauer Magdeburgs u.a. auch die Maßstäbe für den Norden. Nach der völligen Zerstörung der Stadt 1631 verlagerten sie ihren Wirkungskreis nun andernorts und verbreiteten den für Magdeburg typischen Ornamentstil. Wie Rassmussen veranschaulichte, wurde auf dem Gebiet der Skulptur der magdeburgische und niederländische Einfluss von Hamburg aus, dem neuen geistigen und kulturellen Zentrum des protestantischen Nordens, nachfolgend zur Konstante.[24] Interessant ist in dem Zusammenhang auch die Rolle, die Kriebel bei der Einführung des Knorpelwerkstils eingenommen haben könnte, jenem Stil, der vermutlich in Magdeburg seinen Ursprung hatte. In der Zeit zwischen 1620–1680 entstand in Schleswig- Holstein eine Reihe von Schnitzwerken, die durch eine vollkommene Abkehr von dem architektonischen Aufbau der Renaissance und eine freie ornamentale Gestaltung bemerkenswerte Sondererscheinungen der Kunst des 17. Jahrhunderts darstellen.[25] Kriebel dürfte durch seine Werkstattarbeiten in Hamburg und am Hofe Glückstadts für die Verbreitung eine gewichtige Mittlerrolle eingenommen haben.[26] Hamburger Bildhauer, wie etwa Claus Heim und Zacharias Hübner, oder andernorts Hans Gudeweit in Eckernförde führten den Knorpelstil in Schleswig-Holstein anschließend zu einer hohen Blüte. Wie stark der Einfluss Kriebels auf jene wie auch andere nachfolgende Bildhauergenerationen Schleswig-Holsteins mit ähnlichen Ausdrucksformen wirkte, etwa dem Heider Bildhauerkreis um Johann Hennings im Dithmarschen, lässt sich nur vage beurteilen. Die wenigen bekann-

24 *Rasmussen, S. 4.*

25 *Zöllner, S. 15.*

26 *Rasmussen, S. 4.*

ten Werke Kriebels, die leider zeitlich weit auseinander liegen, vermitteln uns jedoch einen ersten Eindruck über die stilistische und gestalterische Meisterschaft des Bildhauers und lassen zumindest einen Ausblick über die Entwicklung des Künstlers und sein Oeuvre zu. Genannt seien an dieser Stelle ausführlicher nur zwei seiner bekanntesten Werke, deren Herkunft als gesichert gelten kann und die geeignet erscheinen, Grundzüge in der Handschrift Kriebels erfahrbar werden zu lassen. Stellvertretend für die Frühphase seines Schaffens sei an dieser Stelle eines seiner beindruckenden Elfenbein-Kleinstkunstwerke vorgestellt, das zudem geeignet ist, die für den Bildhauer typischen Eigenarten und Entwicklungslinien zu rekonstruieren. Vermutlich um 1610/20 fertigte Kriebel ein kleines Hausaltärchen mit einer Kreuzigungsgruppe. Hierbei wird eine kleine Gruppe der Einzelfiguren aus weißlichen, teilweise gelblichen und stark gemaserten Elfenbein architektonisch eingerahmt von einem kleinen Altargehäuse aus Eichen- und Ebenholz, das von zwei Säulen aus graugrünlich gesprenkelten Serpentinstein getragen wird. Das Gehäuse erinnert stark an niederländisch- deutsche Architekturentwürfe, die im ausgehenden 16. Jahrhundert, etwa durch den Architekturmaler Vredemann de Vries (1527–1609) vom Hof in Wolfenbüttel aus, stärkere Verbreitung fanden. Auf dem mehrfach getreppten, profilierten und seitlich zurückspringenden Sockelteil steht die Gruppe der drei Trauernden, eingerahmt von hochgesockelten Säulen und einer gerahmten Ädikula, durch deren in der Mitte gebrochenes, mehrfach gestuftes und verkröpftes Gebälk der Kreuzstamm bis nach unten auf die Bodenstandfläche reicht. Während die Säulen selbst in leeren, halbrunden Wandnischen stehen, sind die beiden oberen Ecken des Innenraumes mit sehr fein geschnittenen Knorpelwerkzierwerk aus Elfenbein versehen. Blattranken- und Volutenmotive schließen den gebrochenen Rundgiebel nach innen ab und füllen den Bereich zwischen Gebälk und Fußzone des Gekreuzigten. Der gekreuzigte Christus hängt an weit ausgestreckten Armen mit leicht überproportionierten Händen an einem einfachen, breiten Kreuzbalken, das schmale Haupt mit Dornenkrone gesenkt, die Füße von einem Nagel durchbohrt. Das breite Lendentuch hängt lang, bis unterhalb der Knie an seiner rechten Seite herab. Ausdrucksstark ist die Figur der Maria, die schmerzerfüllt mit geschlossenen Augen im Sitzen umzusinken droht, und sich

Oben links: Hausaltar. Oben rechts: Hausaltar Detail. Unten: Hausaltar Figuren (Fotos: Barockplastik in Norddeutschland. Ausstellungskatalog, Museum für Kunst und Gewebe Hamburg).

mit ihrer linken Hand am Boden abzustützen scheint, ohne diesen wirklich zu berühren. Dahinter steht Maria Magdalena, wie Maria mit einem Kopftuch bedeckte, schmerzerfüllt und sorgenvoll vorneüberge-beugt. Mit ihrer Linken scheint sie Maria behutsam halten zu wollen, während sie ihre Rechte wehklagend weit ausstreckt. Besonders sensibel ausgearbeitet ist die Figur des von Trauer gezeichneten Johannes, der wie die Frauen in ein bodenlanges, knittriges Gewand gehüllt ist. Trö-stend führt er seine Rechte zum Haupt der Maria, während sein Ober-körper und Kopf leicht vorgeneigt und die geöffnete Linke in unnach-ahmlicher Gebärde machtlose Trauer und Hilflosigkeit andeuten. Allen Figuren eigen sind der expressive, fast pathetische Ausdruck, der in den Bewegungen erstarrt scheint und der für Kriebel typische, übersteigerte splitterige Faltenstil, der hier eine frühe Arbeit anzeigt. Wie Theuerkauf im Vergleich rückschließt, ist das Altärchen in dem nicht immer folge-richtigen Verhältnis von Figürlichen zu den eingesetzten Architektur-teilen (Kreuz- und Brechung des Giebels) mit den Taufstein und Deckel in Leipzig verwandt, auf das nachfolgend noch eingegangen wird.[27] Ebenfalls wiederkehrend in Kriebels Werken ist die Betonung und Rah-mung durch ein Wechselspiel von Hell-Dunkel Kontrasten. Die dunk-len, relativ zierlichen, hochgesockelten Säulen- und Hermenpfeiler kon-trastieren und betonen die hellen ausdrucksstarken Figuren. Sie stehen auch im Wechselspiel zu den hellen Basen und Kapitellen im oberen Abschluss der Säulen, die ebenso wie die Ornamente an den Ecken und an der Bekrönung, den Rosetten und den gedrechselten Zieraufsätze ebenfalls aus Elfenbein gefertigt sind. Als wiederkehrendes Einzelmotiv findet die Rosettenblüte als Füllwerk von Zwickeln und Feldern häufig Verwendung und könnte ein typisches Erkennungsmerkmal des Bild-hauers sein. Allein die zierliche Kunstschreinerarchitektur verdient Aufmerksamkeit, die von solcher Qualität selbst in der zeitgenössischen Möbelkunst kaum Ihresgleichen findet. Seine Schnitzkunst, die später auch die Bremer Domkanzel von 1641 prägt, erinnert daran, dass Krie-bel in Hamburg und Glückstadt nicht nur als Bildhauer und Stukkator, sondern auch als Holzschnitzer tätig war.[28] Der Typus der Trauernden unter den Gekreuzigten deutet auf Kriebels frühe Schule in Sachsen hin,

---

27 Christian Theuerkauf, Elfenbeinfiguren des 16. und 17. Jh., S. 181.
28 Theuerkauf, S. 182.

wo das Thema der Pieta und der Grablegung Christi spezielle Formen der Altar- und Epitaphienkunst hervorbrachte, die dann auch in besonderen Maße im Magdeburgischen aufgenommen wurde, wie z.B. das Epitaph für Levinus von der Schulenburg (1593) im Dom zu Magdeburg von Hans Klintzsch von Pirna ein Beleg ist. Eine besondere Rolle dürfte auch die Hofkunst Giovanni Maria Nossenis, und das Werk seines engsten Mitarbeiters, der Bildhauerfamilie Walther in Dresden von Bedeutung gewesen sein. Über Nosseni fanden auch die stilbildenden Erfindungen Giovanni Bolognas Verbreitung, was nicht zuletzt die bekrönende Figur Christusfigur der Bremer Kanzel Kriebels beweist. Beim Elfenbeinkruzifix Kriebels findet sich der Typus des Cristo Mortes wieder, wie er von Giovanni Bolognas Gekreuzigten von Loreto stilbildend geprägt wurde. Der sächsische Hofbildhauer Giovanni Maria Nossenis war es auch, der 1614 den Marmor für die Leipziger Taufe Kriebels lieferte, das Kunstwerk das heute am engsten mit dem Namen Kriebel verbunden ist.[29] Untrennbar mit der Leipziger Taufe verbunden ist auch der „Anteilsstreit", der bis in die Gegenwart reichte. Obgleich die Kirchenrechnungen bereits Kriebel als Urheber benennen, wurde das Hauptwerk lange Zeit einem zweiten beteiligten Bildhauer, den aus Celle stammenden Franz Julius Döteber zugeschrieben, der lediglich Zuarbeiten, „Zierraten" und Änderungen am Deckel übernommen hatte. Die tatsächliche Arbeitsleistung dürfte, gemessen an den bezahlten Beträgen aus den Rechnungen, eher von geringem Maße gewesen sein. Da der Deckel ursprünglich reicher ausgestattet war, als die letzten Bilder des inzwischen verschollenen Aufbaus aufzeigen, dürfte Döteber hauptsächlich figürlichen und ornamentalen Schmuck hinzugefügt haben, wie etwa die Puttenhalbfiguren am Sockel des Deckels, die mit dem Ouvre des Künstlers durchaus korrespondieren.[30] Zweifellos ist der Taufstein als ein Frühwerk Kriebels anzusehen, der die Einzelteile in seiner Werkstatt in Magdeburg fertigte und 1615 in sechs, teils recht umfangreichen und schweren Sendungen nach Leipzig transportieren

29 Als Hofbildhauer besaß Nosseni allerdings das Monopol über sächsische Natursteine.

30 Storck weist bereits daraufhin, dass die Plastiken einer etwas älteren, akademischeren Stufe angehören, als die Hauptfiguren, wie die berühmten Evangelisten auf dem Taufsteindeckel. Vgl. Stork 1953, S. 108.

Oben links: Leipziger Taufbecken (Fotoarchiv Marburg). Oben rechts: Taufstein-deckel (Fotoarchiv Marburg). Unten links: Taufsteindeckel Figurenausschnitt. Unten rechts: Christusfigur Taufsteindeckel (Stadtgeschichtliches Museum Leip-zig Katalog).

ließ. Es bleibt anzunehmen, dass es dem in Leipzig ansässigen Döteber oblag, die Teile an Ort und Stelle zusammenzufügen, d.h. die Stützkonsolen mit den Atlantenputten anzubringen und die Reliefs in die Seiten der Cuppa einzupassen. Der Aufbau des Taufsteins selbst, folgt trotz der reichhaltigen Ausstattung und einem Oktogon als Grundriss, prinzipiell noch einem üblichen dreiteiligen Schema aus Fuß mit Sockel, Schaft und Cuppa. Anstelle eines einfachen Schaftes verfügt die Leipziger Taufe über eine reichere Form, in der eine kreuzförmige, mit Knorpelornament überzogene Konsolenkonstruktion das tragende Glied bildet. In den Zwischenräumen stehen als Atlanten vier Mädchenputten und stützen mit hoch erhobenen Armen die Cuppa, deren mehrfach profilierte Kante auf den Handflächen der Figuren ruhen. Die Basenstellung der Figuren und Strebekonsolen sind am oktogonalen Grundriss ausgerichtet und gegenüber dem breiten, zweistufigen Fußsockel etwas zurückgesetzt. Die konkav geformten Strebeglieder und die gebeugten Mädchenputten geben dem Taufstein schließlich seine kelchförmige Gestalt. Auffallend auch hier ist das Spiel mit dekorativen Hell-Dunkel- Kontrasten. Die fein herausgearbeiteten hellen Alabasterstatuetten werden von den sich zurücknehmenden dunklen Streben akzentuiert. Bereits die formale Gestaltung des Taufsteins erweist sich im Vergleich als beispiellos. Welche Tradition Kriebel als Anregung gedient haben könnte, bleibt auch in Hinblick auf die Atlanten vage, möglicherweise diente ein nicht mehr existierender Taufstein als Vorbild. Das Motiv des Mädchenputtos bleibt jedoch für das 17. Jh. ein eher ungewöhnliches Motiv. Nicht von ungefähr verweist Ratzka auf Christoph Dehnes Puttenfiguren in Ketzür, ebenfalls mit hocherhobenen Händen und eingezogenen Bauch und stellt eine Mitarbeit Kriebels in den Raum.[31] Die Reliefthemen an der Cuppa lassen vier Bild-Geschichten lesbar werden, die von der Sintflut, dem Zug durchs Rote Meer, der (Wasser-)Heilung des Hauptmanns Naaman und der Taufe des äthiopischen Kämmerers durch Philippus bildhaft erzählen. Alle beinhalten typische Wassermotive, genauso wie der Sockel, der in barocker Formensprache das Meer symbolisiert – mittendrin die vier Mädchenfiguren, die die Taufschale über ihren Köpfen tragen.

---

31 *Thomas Ratzka, Magdeburger Bildhauerei um 1600, Berlin 1998, S. 184.*

Inwieweit auch die Gestaltung des nicht mehr erhaltenen Taufdeckels im Kontext der Magdeburger Schule einzigartig war, entzieht sich jeder Überprüfung, da fast allen bekannten oder erhaltenen Taufbecken die Deckel ebenfalls verloren gingen. Vom Leipziger Taufdeckel existieren zumindest Vorkriegsaufnahmen und einzelne Figuren, deren besondere Qualität einen Beleg für die außerordentliche Kostbarkeit der Leipziger Taufe liefern. Der Deckel war üblicherweise an der Decke des Kirchengewölbes befestigt und konnte anlässlich von Taufhandlungen durch ein Gegengewicht hochgezogen werden. Das Zentrum des gewaltigen, gleichfalls oktogonalen Aufbaus des Deckels bildet in Leipzig eine in hohen Arkaden sich öffnende Laterne in Form eines kleinen Tempietto, ähnlich dem Schalldeckel-Aufbauten bei Kanzeln. Die Laterne bzw. der Baldachin als Zentrum der Taufdeckel-Aufbauten ist indes ein charakteristisches Motiv in der Zeit nach 16. Jahrhundert, und läßt sich sogar auf die Tradition spätgotischer Turmbaldachine oder ziborienartige Konstruktionen zurückführen. Als Stützen der Arkaden am Leipziger Taufdeckel sind abwechseln vier glattschäftige korinthische Säulen und vier Engelherme jeweils auf hohen mit Schweifwerkintarsien (Elfenbein) verzierten Postamenten angebracht. Durch die Wahl verschiedener Materialien-Ebenholz für die architektonischen, Alabaster für die figürlichen und ornamentalen Teile ergibt sich der reizvolle Kontrast, insbesondere an den Stützen (Engelsfiguren, Kapitelle und Basen aus hellem Alabaster), der als Mittel der Differenzierung auch ein Mittel bei Dehne eine Rolle spielten. Das niedrige Sockelgeschoss des Aufbaus, dass sozusagen über den eigentlichen Deckel und einer von profilierten Leisten eingefassten Hohlkehle ansetzt, ist mit acht vergoldeten querrechteckigen Schrifttafeln aus Kupfer versehen, die Bezug auf das Taufsakrament nehmen und zusätzlich zu den Reliefthemen an der Cuppa das Inschriftenprogramm ergänzen. Im Gegensatz zur Cuppa waren die Kanten des Oktogons durch figurative Dekorationselemente (vergoldete Engelhermen) akzentuiert. Gegenüber dem Sockelgeschoss hat der dominierende Tempietto einen deutlich geringeren Umfang, so dass auf dem sohlbankartigen Gesims über jedem zweiten Inschriftenbild Sitzfiguren vier Alabaster-Evangelisten Platz finden, die im Schreiben begriffen, aber – den Fotos nach zu urteilen – offenbar ohne ihre Symbole gegeben sind. Darüber thront Christus als Kinderfreund, umgeben von vier Engelhermen. Drei einzelne Putten, die heute im Städtischen Museum in Leipzig erhalten sind, zeugen mit ihren manierierten Haltungen und ausdrucksvollen Gesichter von der einzigartigen Qualität des Taufsteindeckels.

Die vollständige Ausstattung, sowie die Anordnung der Figuren ist allerdings bis heute nicht überzeugend geklärt. Ebenso strittig ist die Herkunft des bedeutendsten Kunstwerkes der Leipziger Thomaskirche: des großen Hängeepitaphs für Daniel Leicher von 1617. Die Grabplatte für den 1612 verstorbenen Ratsherrn Daniel Leicher ist das größte Epitaph der Leipziger Stadtkirche und eines der Hauptwerke des Manierismus in Obersachsen und verfügt mit einer Höhe von 4,50 m und einer Breite von 2,80 m über beachtliche Ausmaße. Das Kunstwerk behandelt die biblische Geschichte – vom Namensvetter des Verstorbenen – Daniel in der Löwengrube: unbeirrbarer Prophet, der seinem Glauben treu blieb und den hungrigen Raubkatzen zum Opfer vorgeworfen wurde. Die malerisch virtuos behandelten Alabasterreliefs von ungewöhnlicher Qualität, der dreiteilig aufgebauten architektonischen Umrahmung und der extravaganten Knorpelmanier lässt kaum einen Zweifel an der Urheberschaft des Magdeburger Bildhauer zu. Dies vor dem Hintergrund, dass der Künstler bereits den Taufstein fertigte und uns nur wenige Künstler dieser Zeit bekannt sind, die – vergleichsweise den Elfenbeinfiguren Kriebels – ein Werk dieser Qualität mit einer feinen Ausarbeitung der Kleinstfiguren erschaffen haben. Wie beim Taufstein wurden wieder unterschiedliche Materialien verwendet: schwarzer, weißer und gelber Marmor, Messinginschriften, Alabasterfiguren und ein verschollenes Ölbild Daniel Leichers auf Kupfer, das im unteren Rahmen eingepasst war.

Neben der Leipziger Taufe sei als Spätwerk Kriebels kurz die Bremer Kanzel genannt, die beispielhaft auch für weitere Kanzeln Kriebels gelten kann. Ähnlich im Aufbau ist letzte bekannte Arbeit des Meisters, die Otterndorfer Kanzel, die von Kriebel signiert ist, aber deutlich die Handschrift eines anderen Bildhauers trägt und vermutlich nur noch eine Werkstattarbeit ist.[32] Auch die Glückstädter Kanzel ist mit Kriebel in Verbindung gebracht worden. Zweifellos ist sie abhängig von den

---

32 *Auch hier ist die Kanzel ist mit einer Empore verbunden, der Kanzelkorb ruht auf der Trägerfigur des Moses, der die Gesetzestafeln in der Hand trägt. An der*

Links: Leicher Epitaph (Autor). Rechts: Kanzel Bremer Dom (Foto: Jürgen Howaldt).

Kriebel- Kanzeln in Bremen und Otterndorf,[33] auch hier stehen glatte Säulen vor den Ecken des Kanzelkorbes, dessen Felder wieder Christus und Apostelfiguren zieren und an dessen Boden ebenfalls ein großer ornamentaler Unterhang angebracht ist. Jedoch beweist das wesentlich abstrakter gewordene Ornament eine spätere Entstehungszeit. Die Kanzel dürfte um 1650 entstanden sein und kann demzufolge schon nicht mehr von Georg Kriebel selbst gefertigt worden sein.[34]

Zur Wiedereröffnung des Bremer Doms ließ Christian IV. 1641 dem letzten Bremer Erzbischof Friedrich Prinz von Dänemark, einem Sohn des Königs, die figürlich reich geschmückte Kanzel anfertigen. Sie ist die repräsentativste Arbeit, die von dem Bildhauer gegenwärtig bekannt ist. Schlichte glatte Säulen, die nur unten mit einem strengen Pfeiler-

östlichen Brüstung ist der Künstler und Auftraggeber des Werkes genannt: „M. Jürgen Krübeln/Bildthawer in der Gluckstatt".

33 Zöllner, S.18.
34 Ebd., S.18.

ornament belegt sind, stehen an den Ecken der polygonalen Kanzel-körbe.[35] Vor den Kanzelfeldern, die mit einem einfachen, geradlinigen Leistenwerk eingefasst sind, das oben als Bekrönung bogenähnlich zwei Voluten trägt, sind auf Konsolen Apostel- und Evangelisten- Figuren angebracht.[36] Am auffälligsten sind bei den beiden Kanzeln unter den Kanzelböden große Astwerk- Figurationen, die in Bremen in einen trau-benartigen Knauf enden, in Otterndorf hingegen zwischen einer Moses-Gestalt als Tragefigur und dem Kanzelkorb vermitteln.[37] Der klare und maßvolle Aufbau und die Einzelformen der Kanzel erinnern nur noch wenig an den pittoresken Stil des Knorpelbarock seiner Frühwerke.[38] Im Vergleich zu den expressiven Bildwerken Kriebels, etwa der Leipziger Arbeiten, wurde vermutlich unter dem Einfluss der Hofkunstsphäre auf schrille Effekte und Verzerrungen verzichtet, gleichwohl die Verwandt-schaft der Kanzelfiguren mit den Elfenbeinarbeiten in Berlin, Paris und Oxford unbestreitbar bleibt, wie Rassmussen in seiner Darstellung sehr treffend herleiten konnte.[39] Wiederkehrend auch hier die splittrig-brüchige Faltung der Gewänder, eigentümlich verkniffene Gesichter und die ausdrucksvollen wie grotesken Gebärden und Stellungen der Figuren. Vor allem wird dies bei der Christusfigur deutlich, die Krie-bel gemessen an der Bedeutung in diesem Werk und der erheblichen Sorgfalt bei der Wiedergabe der Anatomie eigenhändig ausgeführt ha-ben dürfte.[40] Hier schließt sich der Kreis, denn in der renaissancehaften Klarheit der Proportionen und der bedeutsamen Feierlichkeit des Be-wegungsmotivs erkennt man deutlich den italienischen Einfluss, deren Ursprung bei der marmornen Christus-Figur von Giovanni Bologna im

---

35   Ebd., S.15.

36   Ebd., S.16.

37   Ebd., S.16. Diese pflanzlichen Formen, die man auch am Kanzeldeckel und über den Figuren an der Kanzeltreppe in Bremen bemerkt, sind für den Autor hingegen in der Blütezeit der abstrakten Knorpelwerkornamentik etwas sehr Merkwürdiges und zeugen seiner Meinung nach zusammen mit dem archi-tektonischen Aufbau des Ganzen für eine sehr konventionelle Haltung dieses Glückstädter Meisters.

38   Rasmussen, S. 265.

39   Ebd., S. 266.

40   Ebd., S. 266.

Links: Einzelfigur Kanzeldeckel Bremen. Mitte, rechts: Einzelfiguren Bremer Kanzel (Fotos: Barockplastik in Norddeutschland, Ausstellungskatalog Museum für Kunst und Gewerbe Hamburg).

Dom zu Lucca (1577–79) zu finden ist. Die Kanzel besaß ursprünglich eine farbige, in der Barockzeit eine weiß-goldene Fassung und wurde im 19. Jahrhundert schließlich mit einem braunen Anstrich versehen, der um 1977 entfernt wurde.[41] Von reichem Wurzelwerk des Kanzelkorbes umrahmt zieren fast vollplastischen Figuren der Propheten des Alten Testaments und den biblischen Urvätern Abraham, Moses und Salomo die Kanzel. Die Felder des Treppenaufgangs schmücken König David und die Evangelisten. Über dem Bildprogramm krönt auf dem reich verzierten Schalldeckel die Figur des auferstandenen, das Böse besiegenden Christus mit der Siegesfahne. Zu seinen Füßen befinden sich allegorische Gestalten der christlichen Tugenden.

---

41   *Rolf Gramatzki, Bremer Kanzeln aus Renaissance und Barock, Bremen 2001, S. 67–91.*

Zusammenfassung

Zusammenfassend zeigen die genannten Beispiele wie auch die Vielzahl von weiteren Kleinplastiken und kirchlichen Ausstattungsstücken, die zeitlich teils weit auseinanderliegen und nur schwerlich eine Stilentwicklung rekonstruieren lassen, wie schwer es ist, dem Glückstädter Hofbildhauer Jürgen Kriebel und seiner Kunst gerecht werden zu können. Dass der Einfluss dieses schöpferisch sehr begabten Bildschnitzers sicher auch stilprägend auf Zeitgenossen und Nachkommende gewirkt haben muss, zeigt sich jedoch allein schon anhand der Arbeiten, die im Glückstädter Umland irrig der Werkstatt Kriebels zugeschrieben werden. Seine Rolle innerhalb der bedeutenden Magdeburger Bildhauerei wird sich mangels erhaltener Werke nur schwerlich beurteilen lassen. Allein schon die Qualität seiner Kleinkunstwerke, seiner Auftragsarbeiten in Bremen und Leipzig widerlegen jedoch eine Einschätzung, wonach ihm innerhalb dieser bedeutenden Schule des 17. Jahrhunderts eher eine nebulöse Rolle einräumt wird. Insbesondere Christoph Dehne, der als einer der bedeutendsten Bildhauer und Zeitgenosse Kriebels heute am besten dokumentiert ist, dürfte für Kriebel eine besondere Wertschätzung besessen haben, die wohl eher seinen Werken und seinem Ansehen auch unter Bildhauerkollegen geschuldet war. Anders als die heute dokumentierten Magdeburger Meister war Kriebel jedoch nicht mit Bildwerken für geistliche und adlige Auftraggeber am Dom betraut, sondern dürfte hauptsächlich in Magdeburg städtische bzw. bürgerliche Auftragswerke ausgeführt haben, die nach der Zerstörung der Stadt 1631 größtenteils vernichtet worden sind. Gerade im Bezug auf heute strittige Werke, wie dem Leicher- Epitaph in der Thomaskirche zu Leipzig sind Unterschiede im Aufbau oder Sujet daher kein Beleg gegen eine Urheberschaft Kriebels, oder der Magdeburger Schule allgemein, sondern sind eher dem unterschiedlichen Auftraggebermilieu geschuldet. Gemessen an der Größe des Leipziger Auftragswerkes, die hohe Qualität der Reliefs, figurale und motivische Ähnlichkeiten zu den Kleinplastiken Kriebels lassen die Autorenschaft des Meisters für dieses Werk eher wahrscheinlicher werden, möglicherweise auch vor dem Hintergrund familiärer Bindungen des Bildhauers nach Leipzig. Erwähnenswert ist der Umstand, dass Kriebel in beiden protestantischen Hochburgen und künstlerisch prosperierenden Städten Magdeburg und Hamburg zugleich das Bürgerrecht innehatte und zumindest zeitweilig Werkstätten unterhielt, die über ein relativ großes Liefergebiet verfügten. Eine sichere Zuschreibung wird heute jedoch dadurch erschwert, dass noch nicht völlig geklärt ist, welche Meister und Bildhauer der Werkstatt angehörten. Wie Theuerkauf treffend beschreibt, sind abgesehen von Ludwig Münstermann im mittel- und norddeutschen Raum bisher von kaum einem Bildhauer im ersten Drittel des 17. Jahrhunderts kleinplastische Werke von solcher Qualität, die mit entsprechender Großplastik korrespondieren, bekannt.[42] Allerdings wird dies erst mit der Zuschreibung weiterer plastischer Werke letztlich zu einer Neubewertung des Bildhauers führen und einmal mehr den Glückstädter Hofbildhauer in den Fokus rücken. Exemplarisch stand Kriebel für viele seiner Künstlerkollegen, die sich nach Ende des Dreißigjährigen Krieges, Anstellung an den Fürstenhöfen suchten, die aus dem Krieg erstarkt hervorgegangen waren und mit ihren Residenzen eine zunehmend stärkere Anziehungskraft ausübten. Anders als in den kriegsgebeutelten Städten, in denen es fortan an Aufträgen mangelte, war es ihnen hier möglich, wie Rassmussen beschrieb „sowohl im großen Maßstab- vor allem Skulpturen für Schlösser und Gärten- als auch im kleinen Format Kleinplastiken für die fürstlichen Kunstkammern zu erarbeiten".[43] Anhand von Kleinplastiken, kirchlichen Ausstattungsstücken und wenigen Großplastiken kann unstreitig von einem umfangreichen Oeuvre des Künstlers ausgegangen werden, zumindest dürfte er eine der bekanntesten und sicher auch größten Bildhauerwerkstätten in Magdeburg unterhalten haben. Inwieweit dies auch in Hinblick auf nachfolgende Bildhauer von Bedeutung ist, ist bislang noch nicht untersucht worden, bzw. nicht mit der Person Kriebels in Verbindung gebracht worden.

42 *Theuerkauf, S. 184.*
43 *Rasmussen, S. 5.*

Der Schleier ist gelüftet – zur holsteinischen Herkunft der Wiebeke Kruse

Jan-Uwe Schadendorf

Als „Bramstedter Jung" wird man mit der Geschichte groß, die um Wiebeke Kruse rankt, der letzten Frau an der Seite des in Dänemark bis in die Gegenwart besonders verehrten Königs Christian IV.

Die bis heute erzählte Darstellung, ist diejenige, die die Bramstedter Arzttochter und spätere Professorin der Altertumskunde , Fräulein Johanna Mestorf, in ihrem 1866 veröffentlichten Roman „Wiebeke Kruse – eine holsteinische Bauerntochter"[1] gibt.

Einstimmung

Diese Erzählung sei zur Einstimmung in das Thema an dieser Stelle kurz zusammengefasst:

Der dänische König Christian IV. reitet mit Gefolge von Hitzhusen kommend am Herrenholz vorbei nach Bramstedt ein, um auf dem Bramstedter Gut, dem Stedinghof, Quartier zu machen. Die Weiterreise geht zum Kreistag nach Segeberg, wo er von den Ständen zum Oberst(en Befehlshaber) des Niedersächsischen Reichskreises gewählt

---

1   Johanna Mestorf, „Wiebeke Kruse – eine Holsteinische Bauerntochter" erscheint
    ab 4. Januar 1866 unter dem Pseudonym H. Bram als Fortsetzungsroman in
    den „Itzehoer Nachrichten" und im gleichen Jahr unter ihrem richtigen Namen
    als Buch im Verlag Otto Meißner in Hamburg. Im Oktober/November 1866
    wird der Roman in den „Hamburger Nachrichten" vorgestellt, und wegen der
    historischen Genauigkeit gelobt.

Unterhaltendes.

Wiebeke Kruse,

eine Holsteinische Bauerntochter.

Original-Novelle aus der Holsteinischen Geschichte.
Von H. Bram.

I.

Am Ufer der Bramau, eine Meile westlich von dem Marktflecken Bramstedt, liegt das unbedeutende Dörfchen Föörden; unbedeutend nicht nur seiner Größe nach, sondern auch in jeder andern Hinsicht. Keine Geschichten von dort gelieferten Schlachten zur Zeit der Waldemare, Gerharde oder Adolphe vererben sich auf den Lippen der Burschen von Geschlecht zu Geschlecht; keine Localsagen von versunkenen Schlössern, wo grausame Ritter und Grafen hausten, oder von unnahbaren [...]

Links: Erstabdruck in den „Itzehoer Nachrichten" ab 4.1.1866 unter dem Pseudonym H. Bram. Rechts: wahrscheinlich nicht originales Porträt aus 1748 / Rosenberg.

werden soll [1625]. Als er über die Beecker Brücke kommt, fällt sein Blick auf eine am Ufer stehende, junge Frau, die Wäsche an der Bramau wäscht. Er spricht sie an und lädt sie auf das Gut ein. Es ist Wiebeke Kruse, die Tochter des Vollhufners Hans Kruse aus dem nahe gelegenen Dorfe Föhrden. Sie erscheint auf dem Hof und wird in die Dienste der Frau des Königs, Kirsten Munk, genommen. Sie geht mit nach Kopenhagen.

Als sich 1628/29 Christian IV. und Kirsten Munk trennen, rückt Wiebeke Kruse an seine Seite und bleibt dort bis zu seinem Tode 1648.

Soweit Johanna Mestorfs Darstellung, die sie an zwei Stellen noch mit der Fußnote „historisch" versieht, nämlich bei der Brückenszene und bei der Erwähnung eines Prozesses zwischen Gerd Stedingk und Christian IV.. Die genauen Quellen dafür nennt sie nicht, gibt aber an anderer Stelle „Christian IV. eegenhändige Breeve" an, die sie offenbar für ihr Buch studiert hat. Johanna Mestorfs Zeit in Schweden gab ihr offenbar viel Zeit zum Studium dänischer und schwedischer Quellen.

Es ist unstrittig, dass Wiebeke Kruse rund 20 Jahre ihres Lebens an der Seite Christian IV. verbrachte. Ihre genaue Herkunft ist allerdings – auch wenn Johanna Mestorf es als eindeutig darstellt – bislang eher Gegenstand von Vermutungen denn urkundlicher Beweise.

Die romantische Legende von der Bauerntochter aus Föhrden erzählt Johanna Mestorf so schön, dass sie bei der allgemeinen nationalen Stimmung des 19. Jahrhunderts gern tradiert wird und als Fakt Eingang findet in heimatkundliche Aufsätze und Bücher.[2]

So ist es nicht verwunderlich, dass weder die Bad Bramstedter Heimatforscher August Kühl[3], Max Röstermundt[4] oder der Chronist Hans-Hinrich Harbeck[5] die Herkunft der Wiebeke aus Föhrden ernsthaft in Zweifel ziehen. Selbst Prof. Dr. Hans Riediger bleibt in seinem Buch „Bauernhöfe und Geschlechter"[6] nur bei einer Andeutung, dass Wiebekes Herkunft nicht in den Kirchenbüchern zu belegen sei.

Der Vollständigkeit halber sei gesagt, dass auch ich in meinem ersten Buch „Alt-Bramstedt im Bild" (1978)[7] in dieser Tradition verfangen blieb und die Mestorfsche Version ungeprüft übernommen habe.

---

2   *Pastor Johann Kähler aus Stellau übernimmt 1905 dann in seinem Buch „Das Stör-Bramautal" die Herkunftsangabe Föhrden und einige der romanhaften Darstellungen. Ebenso E. Mohr mit „Wiebeke Kruse" in „Die Heimat", März 1921.*

3   *August Kühl „Wiebeke Kruse" in Bramstedter Nachrichten vom 13(?).3.1937.*

4   *Max Röstermundt, „Bad Bramstedt – Der Roland und seine Welt", Neumünster, 1952, Wachholtz-Verlag.*

5   *Hans Hinrich Harbeck, „Chronik von Bramstedt", Hamburg, 1959, Broschek Verlag,*

6   *Prof. Hans Riediger, „Bauernhöfe und Geschlechter im altholsatischen Siedlungsgebiet des Kirchspiels Bramstedt", Band I, Bad Bramstedt, 1988, Roland-Verlag. Er merkt lediglich an (S. 298): „Es ist auffällig und bemerkenswert, dass Wibke Kruse bei keinem der vier Kinder ihres Bruders Hinrich Kruse Gevatterin gestanden hat."*

7   *Jan-Uwe Schadendorf, „Alt-Bramstedt im Bild", Bad Bramstedt, 1978, Roland-Verlag.*

Zweifel

Doch im Laufe der Zeit kommen mir Zweifel. Heimatforscher wie Kuno Schuldt[8], Martin Echt[9] und die Familienforscherin Nicoline Still[10] hinterfragen nicht die Föhrdener Variante, sondern geben Hinweise in andere Richtungen. Die Hinweise auf andere Orte zu negieren, erscheint nicht mehr vertretbar.

2004 findet in Bad Bramstedt auf Veranlassung der Bramstedter Fleckensgilde von 1560 unter dem Namen „Gill un Kark" eine Veranstaltung statt, die sich des Themas Wiebeke Kruse und ihrer außerehelichen Beziehung zu König Christian IV. annimmt.

Den Gastvortrag hält Dr. Klaus-Joachim Lorenzen-Schmidt, der die Bramstedt-Föhrdener Variante sehr in Frage stellt und auch auf eine mögliche dänische Herkunft der Wiebeke Kruse anspielt. Er sagt deutlich: „Eine wirkliche historische Forschung hat es in dieser Sache in Deutschland noch nicht gegeben."

Gleichwohl: Den Wissensstand mit den vielen offenen Fragen publiziere ich mit Hilfe der Gilde als Buch[11] und im Internet.

Die unklare Urkundenlage regt meine Wißbegier an, und ich setze mit intensiveren Recherchen fort. 2007 macht Lorenzen-Schmidt mich auf das in Dänemark erschienene Buch „Lidt om Vibeke Kruse" von Sune Dalgaard[12], dem ehemaligen Leiter des Reichsarchivs in Kopenhagen, aufmerksam und ich lasse es ins Deutsche übersetzen. Es kommen zahlreiche, gut aufbereitete Hinweise aus den dortigen Quellen zu den hiesigen Erkenntnissen hinzu.

---

8   Kuno Schuldt, „Zur Herkunft von Wiebke Kruse", in Scheswig-Holstein, 2/1987.

9   Martin Echt, „Die Krummendieks von der Bekau", Neumünster, 1993, Karl Wachholtz Verlag.

10 Nachlass Nicoline Still im Stadtarchiv Itzehoe // Sie meldet 1973 bei dem Bad Bramstedter Stadtarchivar Hans Finck ihre Zweifel an Föhrden an.

11 Jan-Uwe Schadendorf, „Wiebeke Kruse", darin „Mosaiksteine zur Erforschung der Herkunft der Wiebeke Kruse", Bad Bramstedt, 2004, Sommerland-Verlag.

12 Sune Dalgaard, „Lidt om Vibeke Kruse", Det Kongelige Danske Videnskabernes Selskab, 2007. Deutsch in: Vorträge der Detlefsen-Gesellschaft, Band 11, 2009.

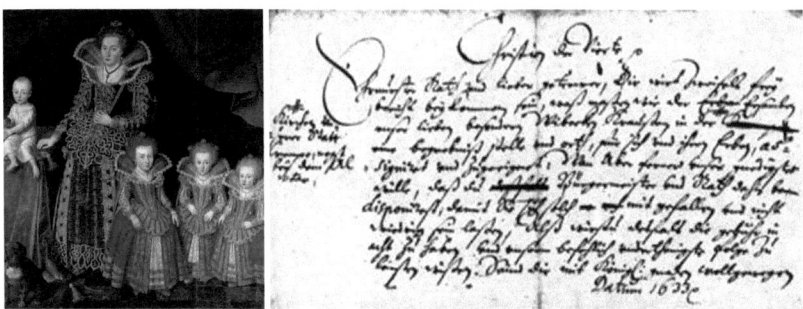

Links: Kirsten Munk mit einigen Kindern. Rechts: Grabbrief, Krempe 1633 aus Sune Dalgaard „Lidtom Vibeke Kruse".

Ein deutlicheres Bild beginnt sich zu formen. Zudem helfen einige glückliche Funde in Archiven und im Internet sehr, neue Erkenntnisse zu gewinnen.

Mit Klaus Biel aus Hamburg treffe ich 2010 zudem auf einen Familienforscher, der sich der Kruses im Rahmen seiner Forschungen schon einmal angenommen hatte. Er liefert mir einige neue Details und unterstützt mich bei der weiteren Arbeit zusammen mit anderen Familienforschern sehr.

So lässt sich jetzt ein Bild der tatsächlichen Herkunft der Wiebeke Kruse zeichnen, das mit Urkunden der Zeit belegt werden kann.

Wiebekes Bezug zu Bramstedt

Wiebeke Kruses erster nachweislicher Bezug zu Bad Bramstedt ist ein Gutsbesitz.

Christian IV. kauft 1631 das Gut Bramstedt (den Stedinghof) von dem in Schwierigkeiten geratenen Besitzers Arndt Stedingk[13]. Christian lässt das Gut von Christian Pentz und Marquard Rantzau in Augenschein nehmen und nach deren Empfehlungen die Gebäude sanieren, das Gutsgelände arrondieren und vergrößern. So schenkt er es im Jahr 1633 samt den Einnahmen der Bramstedter Mühle an Wiebeke Kru-

---

13   Dr. Wolfgang Prange *„Entstehung und innerer Aufbau des Gutes Bramstedt",* ZSHG (Zeitschrift für Schleswig-Holsteinische Geschichte) Nr. 91, 1966, S. 121–175.

se. Dalgaard berichtet: Im gleichen Jahr kauft er ihr eine Grabstätte in Krempe. – Das spricht nicht für eine besondere Bindung Wiebekes zum Kirchspiel Bramstedt.

Wann und wie oft Wiebeke sich auf dem Gut Bramstedt aufhält, ist nicht überliefert bzw. nicht ausgewertet. Gesichert ist, dass Christian und Wiebeke häufig in Holstein weilen. Bis die Bauten im neu errichteten Glückstadt den nötigen Stand erreichen, sind die Steinburg und Krempe zwei wiederkehrende Anlaufpunkte. Das Haus in Glückstadt, das Christian IV. für Wiebeke errichten lässt und von dem heute noch der Wiebeke Kruse Turm steht, wird erst 1638 fertig.

Christians (anerkannte) Frauen

Bevor die Herkunft der Wiebeke Kruse weiter betrachtet wird, seien einige Bemerkungen vorangestellt, die den historischen Rahmen der Geschehnisse beleuchten.

Christian IV. (*1577) heiratet im Jahr 1597 Anna Katharina von Brandenburg, die ihm drei Söhne und drei Töchter gebiert, bevor sie bereits 1612 verstirbt. Diese Söhne sind die legitimen Thronerben. Mit der bürgerlichen Kirsten Matsdatter zeugt er noch während dieser Ehe außereheliche Kinder und mit der ebenfalls bürgerlichen Karen Andersdatter geschieht dies nach dem Tod der Königin.

Im Jahre 1615 heiratet er erneut (als morganatische Ehe, d.h. ohne Thronfolgeansprüche) die gerade 17jährige Kirsten (Christine) Munk, Tochter der vermögenden und einflussreichen Ellen Marsvin (1572–1649).

Aus dieser Ehe gehen bis 1629 mehr als zehn Kinder hervor. Die zweifelhafte Legitimität des letzten Kindes führt zum Bruch zwischen den Eheleuten. Christian IV. glaubt nicht an seine Vaterschaft und bezichtigt seine Frau des Ehebruches mit dem in dänischen Diensten stehenden Wild- und Rheingrafen Otto Ludwig von Salm/Solms. (Der allerdings als Kindsvater auch nicht in Frage kommt, da er Dänemark schon vor Beginn der Schwangerschaft verließ.)

Christian IV. verstößt Kirsten Munk vom Hof ohne sich allerdings je von ihr scheiden zu lassen. Kirsten und ihre Kinder und Schwiegersöhne wollen dies nicht akzeptieren, – ein Umstand, der in der weiteren dänischen Geschichte zu zahlreichen und bedeutenden Verwicklungen führen wird.

Im höfischen Gesinde der Kirsten Munk findet sich Wiebeke Kruse, die nun auf einmal in das Licht der Geschichte tritt. Sune Dalgaard schreibt im Jahr 2007: „Vor dieser Zeit wissen wir über Wiebeke Kruse offenbar sehr wenig: Nur dass sie bei Kirsten Munk angestellt war; aber nicht einmal, wann sie ihre Stellung angetreten hat oder ob sie als Kammermädchen und somit in der Nähe ihrer Herrin oder als Dienstmädchen in dem vermutlich kleinen Stab der Angestellten tätig war. Auch weiß man nichts über ihre Herkunft bzw. von wo sie stammte, über ihre Eltern, Alter, Ausbildung und Qualifikation. (...) Aus dem gesamten Material geht jedoch hervor, dass Frau Kirsten Munk zwei ‚deutsche Jungfrauen' hatte, aber Wiebeke Kruse nicht eine von ihnen war. Sie scheint also zu den ‚Mädchen' gehört zu haben, die einfach als ‚die Jugendlichen' bezeichnet wurden. Wiebeke hat der König anscheinend nicht als Deutsche betrachtet, obwohl sie durchaus aus seinem Herzogtum Holstein kommen konnte."[14]

Als Christian seine Ehefrau Kirsten Munk verstößt, entlässt diese ihr Personal. Wiebeke wird von Ellen Marsvin der Mutter Kirsten Munks, übernommen und befindet sich 1629 in deren Diensten. So berichtet es die dänische Geschichtsschreibung.

Am Hofe Ellen Marsvins trifft Christian IV. (erneut?) auf Wiebeke. Es sei dahingestellt, ob das eine romantische Begegnung war oder der Darstellung entspricht Ellen Marsvin hat Wiebeke dem König „ins Bett geschoben" (der dänische Historiker Benito Scocozza[15]). Gleich wie – im Ergebnis gebiert Wiebeke im April 1630 den gemeinsamen Sohn Ulrich Christian und drei Jahre später die Tochter Elisabeth Sophie. Beide tragen den Nachnamen Gyldenlöwe, wie alle außer- und unehelichen Kinder des Königs.

Was aus heutiger Sicht wie eine Patchwork-Familie in besseren Kreisen aussehen mag, ist in jener Zeit ein äußerst fragwürdiges und delikates Ereignis. Christian IV. ist weiterhin mit Kirsten Munk verheiratet. Was er mit seiner Beziehung zu Wiebeke Kruse begeht, ist nichts anderes als offener Ehebruch. Ehebruch steht in Dänemark aufgrund

---

14 *Siehe 12.*

15 *Benito Scocozza, „Christian 4.", København, 1987.*

eines Erlasses aus 1617 eben dieses Königs Christian unter schwerster Strafe, ggf. dem „kagstrygning"[16], dem öffentlichen Auspeitschen oder Schandpfahl, was neben schweren körperlichen Schäden den sicheren Ausstoß aus der Gesellschaft bedeutete.

So war es nicht verwunderlich, dass Christians legitime Frau, Kirsten Munk, und deren Kinder und Schwiegerkinder immer wieder massiv gegen diese Beziehung angingen und versuchten, Wiebeke von seiner Seite zu verdrängen. Christian musste sich über viele Jahre gegenüber Reichsrat, Kirche und letztlich auch dem Volk verteidigen. Seine überlieferten Verteidigungsschriften geben urkundliches Zeugnis über seine Sicht der Dinge.

Wiebeke blieb von 1629 bis 1648, dem gemeinsamen Todesjahr, an der Seite des Königs und war damit die Partnerin mit der er die längste Zeit seines Lebens verbrachte. Es war vermutlich auch eine intensive Beziehung, da sie ihn auf sehr vielen Reisen begleitete (s.a. Dalgaard[17]) – nicht zuletzt immer wieder nach Holstein in seine neue Festung Glückstadt.

Christian hält an Wiebeke Kruse fest, und er versorgt sie und ihre gemeinsamen Kinder (Ulrich Christian 1630–1658[18] und Elisabeth Sofie 1633–1654) mit Geld, Gütern, Bildung und Karrieren bis an sein Lebensende.

Nach Christians Tod 1648 wird Wiebeke sofort von der Schwiegersöhnepartei um Corfitz Ulfeldt[19] und der Königstochter Leonora Christiana[20] vom Hof verdrängt und fast alle Erinnerungen an sie werden beseitigt. Wiebeke stirbt zwei Monate nach dem König, evtl. durch Vergiftung.

16 Michael Bregnsbo, *Til venstre hånd: danske kongers elskerinder*, Gyldendal A/S, 2010.

17 Vgl. 12.

18 J.P. Jacobsen, „Frau Marie Grubbe", København, 1876.

19 Steffen Heiberg: „Enhjørningen Corfitz Ulfeldt", Copenhagen, 1996, Gyldendal.

20 Leonora Christina Gräfin von Ulfeldt, „Jammersminde – eigenhändige Schilderung ihrer Gefangenschaft im Blauen Turm zu Kopenhagen von 1663–1685.", København, 1869, Gyldendal.

Ein Schleier ruht über dieser Frau

So weiß man sicher, wo Wiebeke Kruse verstorben ist, ihre Herkunft bleibt indes viele Jahrzehnte ungewiss. Die Vernichtung ihrer Spuren ist gründlich. „Es ruht ein seltsamer Schleier über dieser Frau," zitiert Sune Dalgaard den dänischen Historiker J.A. Friedericia.

Der Roman Johanna Mestorfs lüftet diesen Schleier nicht, sondern hat ihn eher für viele Jahre noch dichter gemacht. Die darin beschriebene Herkunft aus Föhrden(-Barl) hält näherer Betrachtung nicht stand.

Gleichwohl muss an dieser Stelle angemerkt werden, dass Johanna Mestorf auf Nachrichten und Erzählungen zurückgriff, die schon vor ihrer Zeit zu datieren sind.

Föhrden als Ortsangabe korrespondiert mit einem Reisebericht aus dem Beginn des 19. Jahrhunderts. Um 1820 schreibt ein unbekannt gebliebener Feriengast Bramstedts (gedruckt 1911 in den „Bramstedter Nachrichten") zu dem Thema Bramstedter Wassermühle: „Die Erbpacht wird an einen gewissen Grafen von Schmiedeck, Nachkommen der schönen Frau Wiebke Kruse, ein aus dem Dorfe Föhrden gebürtiges, vormals sehr schönes Bauernmädchen, die Gnade vor einem Könige gefunden hatte, welches man diesem so vortrefflichen Fürsten gewiß nicht verargen wird, nach Ungarn, ..., bezahlt." Hier wird also bereits um 1820 der Bezug Föhrden und das Bauernmädchen erwähnt, noch vor Johanna Mestorfs Geburt.

So denn Johanna Mestorf von Wiebeke Kruse als Wäscherin (an der Bramau) schreibt, so gibt es tatsächlich Quellen, die einen entsprechenden Hinweis liefern.

In den zeitgenössischen Memoiren Geheimrats Detlev von Ahlefeldt[21] schreibt er über Christian IV. und Kirsten Munk (S. 95) „... als er auch mit obgedachter Frau Christina viele Jahre in großer Liebe und Einigkeit gelebt, bis dieselbe von ihrer Waschmagd Frau Wiebke bei ihm angegeben, als wenn sie mit dem Rheingrafen zuhielte, darüber Frau Christina vom Könige verstossen, und Frau Wiebke als eine Concubine ohne Ehelichung wieder angenommen ward und darinnen bis zu des Königs Ende verblieben."

---

21 Luis Bobé, „Geheimrat Detlev v. Ahlefeldts Memoiren aus den Jahren 1617–1659", Höst, 1896.

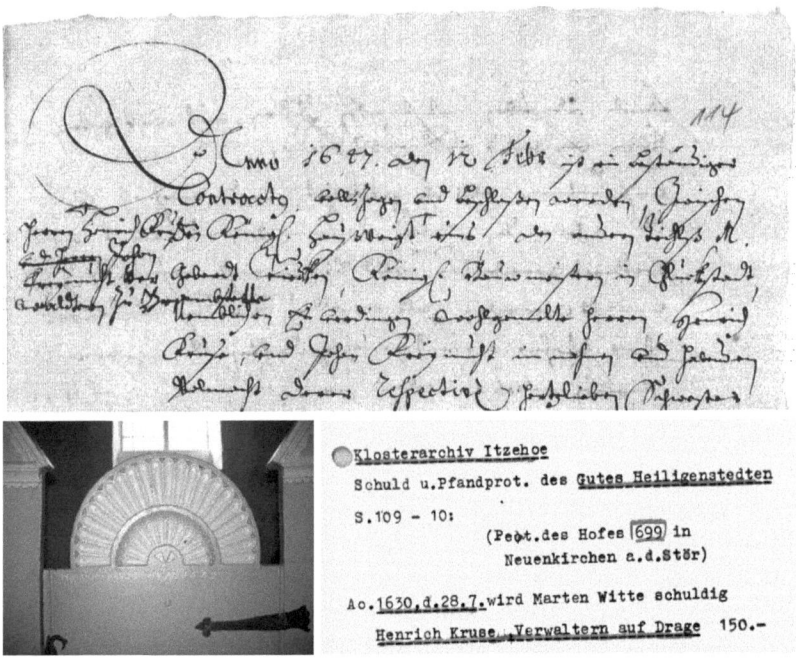

Oben: Auszug aus der Urkunde von 1647(siehe Fußnote 24). Links unten: Kirchenstuhl in der Kirche in Hohenaspe, Hinrich Kruse 1629. Rechts unten: Nicoline Still, Notiz, Stadtarchiv Itzehoe.

Detlev von Ahlefeldt, Zeitzeuge und Verwandter zu Wiebekes Schwiegersohn, spricht also deutlich von Wiebeke als Waschfrau. Das Bild der Wäscherin liegt wohl hier begründet und hat sich in der legendenhaften Überlieferung in Bramstedt erhalten.

Das Bramstedter Stellenverzeichnis / die Kirchenbücher des Kirchspiels Bramstedt schweigen zu Wiebeke Kruse und ihrem vermeintlichen Vater Hans ebenso wie zu ihrem Bruder. Das belegt Dr. Klaus-Joachim Lorenzen-Schmidt in seinem Beitrag im Jahr 2000 in den Schriften der Detlefsen-Gesellschaft.[22]

---

22 *Klaus-J. Lorenzen-Schmidt, „Wiebke Kruse – eine holsteinische Bauerntochter?"*
   Vortrag vor der Detlefsen-Gesellschaft am 2. Februar 2000.

Über den Bruder zu Wiebeke

Doch der Weg, die Herkunft der Wiebeke Kruse zu erschließen, führt weniger über sie selbst. Dafür sind zu wenige Quellen erhalten.

Die Weg führt über ihren Bruder!

In den Akten des Gutes Bramstedt finden sich die ersten Hinweise auf die Verwandtschaft zu Wiebeke.

Hans Hinrich Harbeck nennt in seiner Chronik von Bramstedt[23] einen Bruder Hinrich und setzt diesen mit dem Hoferben Henneke (= Henning) auf der Hufe 1 in (Föhrden) Barl gleich. Die Urkunde selbst nennt Harbeck nicht. Eine Nachforschung im Landesarchiv Schleswig ist erfolgreich und ergibt für den 10.2. 1647 als Text einer Urkunde[24]: „... Herrn Henrich Krußen Königlicher Hausvogt ... es verdingen wohlgemelte herren Henrich Kruse und Johann Freymuht im nahmen und habenden volmacht derer respective hertzlieben schwester und frawen an m. Geberdten ...“

Weil das „respective“ in dieser Urkunde noch Deutungen zulässt, konnte die Geschwisterschaft durch einen weiteren eigenen Fund in den Gutsakten unterstrichen werden. Am 7. Mai 1636 heißt es dort[25] „... gesetzt, woraus Frau Wieben bevolmechtigter Bruder Hinrich Kruese mit Beliebung der Bramsteder ...“

Das belegt die Geschwisterschaft zwischen Wiebeke und Hinrich Kruse. Dieser wiederum hat diverse Spuren in Urkunden seiner Zeit hinterlassen.

Sune Dalgaard gibt Quellen an, die ab dem Jahr 1632 für Hinrich Kruses Tätigkeit als Vogt auf der Steinburg und in Krempe stehen.[26]

---

23 Vgl. 2.
24 *LAS Abt. 110.3 Nr. 122, S. 114, 10. Febr. 1647; Johann Freymuht ist der Verwalter auf dem Gut Bramstedt von ca. 1640–1649.*
25 *Dalgaard, a.a.O., RA. Deutsche Innere Abteilung der Kanzlei Abteilung A 32 Registrierte Konzepte für „Inländische Registratur“ X 1631–32 jf. „Inl. Reg“ 1632 fol. 42b / RA. Küchenschreiberabrechnungen 1631/32 fol.36. 1632/33 fol.29b.*
26 *Dalgaard, a.a.O., RA TKIA A 88. Relationer vom Gouverneur in Glückstadt und Amtmann in Hanerau Marquard Rantzau 1628–37.*

Dalgaard schreibt: „Der Hausvogt in Krempe hieß ab 1632 Henrich Kruse. Bis dahin war er Hausvogt auf der nahe liegenden alten Burg Steinburg gewesen, wo der König sich oft aufgehalten hatte, bevor Glückstadt so angelegt und ausgebaut wurde, dass er dort residieren konnte."

Dalgaard vermutet in Hinrich Kruse den Vater der Wiebeke Kruse. In diesem Punkt irrt er, weil er die vorgenannten, in Schleswig lagernden Urkunden aus der Gutsverwaltung Bramstedt nicht in seine Betrachtungen einbezogen hat.

Martin Echt nennt in seinem Buch „Die Krummendiecks an der Bekau"; „Kruse war unter Baltzer von Ahlefeldt und nachfolgend unter Detlev Rantzau Verwalter auf Drage. Unter seiner Aufsicht wurden die Schäden in der Kirche behoben. Er war ein Bruder jener Wiebke Kruse, die als Bauerntochter zur Geliebten des volkstümlichen Dänenkönigs Christian IV. wurde." Und weiter „Nach unserer Überlieferung hat Wiebke den Dänenkönig in Drage kennengelernt, als dieser Baltzer von Ahlefeldt auf seinem Hof besuchte."

Martin Echt weist auf einen Kirchenstuhl in Hohenaspe hin, der mit „Hinrich Kruse Anno 1629" bezeichnet ist. Den Nachweis, dass der Hinrich Kruse zu Drage mit dem später auftretenden Hausvogt in Krempe (bzw. Amt Steinburg) und Segeberg identisch ist, bringt Martin Echt nicht bzw. erwähnt keine Quellen. Dieser Mangel wird bei Dalgaard geheilt.

Zudem weist das Schuld- und Pfandprotokoll für Heiligenstedten für den 28.7.1630 aus, dass Marten Witte schuldig wird 150 MarkLübsch dem „Henrich Kruse, Verwaltern auf Drage".

Wir wissen zwar (noch) nicht genau, wann Wiebeke Kruse Christian kennengelernt hat bzw. in das Gesinde der Kirsten Munk aufgenommen worden ist. Eine zeitliche Nähe zu der Tätigkeit ihres Bruders als Hausvogt auf Drage ist aber unabweisbar.

Die hervorgehobene Stellung als Hausvogt ermöglichte ihm nicht nur den Zugang zu seinen Herren Amtmännern, sondern wahrscheinlich auch zum König, wenn dieser sich auf Drage, auf der Steinburg oder in Krempe aufgehalten hat.

Insofern liegt es nahe, dass er oder seine Dienstherren seiner Schwester eine Stellung bei Hofe verschafft haben (oder vice versa?).

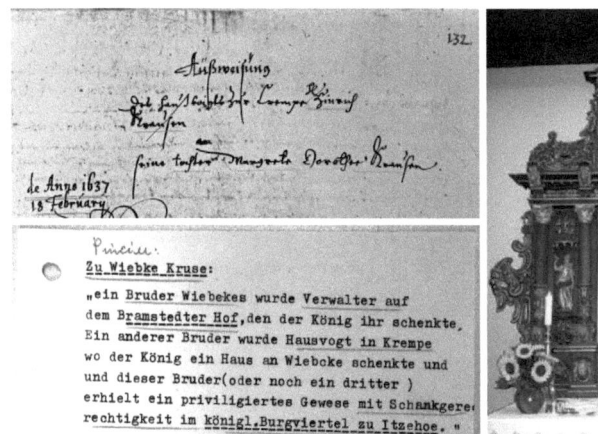

Oben links: Ausweisung für Margrete Dorothea Kruse. Rechts: Altar in Schene-feld: „Anno 1637 hatt der ehrnvester und manhafter Heinrich Krause, königlicher Haußvoigt zur Crempe dieß Altahr Gott zu Ehren undt der Kirchen zum Zierath stafihren lassen." Unten links: Nicoline Still, Notiz, Stadtarchiv Itzehoe.

Hinrich Kruse in königlichen Diensten

Hinrich Kruse hat offensichtlich schon um 1630 deutliche Anerken-nung für die Ausführung von Aufträgen und Bauarbeiten gefunden.

Jedenfalls berichtet Sune Dalgaard, dass Hinrich Kruse im Jahre 1633 zusammen mit Christian Pentz (Gouverneur in Glückstadt und Schwie-gersohn von Christian IV.) und Marquardt Rantzau (General und nun Amtmann in Hanerau) das Amtshaus in Hanerau besichtigt, um den Reparaturaufwand einzuschätzen.

Ebenso ist er in den Bau der Straße von Krempe nach Glückstadt in-volviert.

Andere Urkunden berichten von seinem Tun während des schwedi-schen Einfalls 1643/44.

Man geht nicht falsch, in ihm einen erfolgreichen, einflussreichen und wohlhabenden Mann zu sehen.

(Exkurs: Das Leben des Hinrich Kruse bedürfte weiterer Detaillie-rungen und Verknüpfungen, da sein Wirken umfangreicher gewesen zu sein scheint, als bislang bekannt. Es könnte ein interessantes Beispiel für die Stellung, Bedeutung und den Einfluss von nicht adeligen Vögten

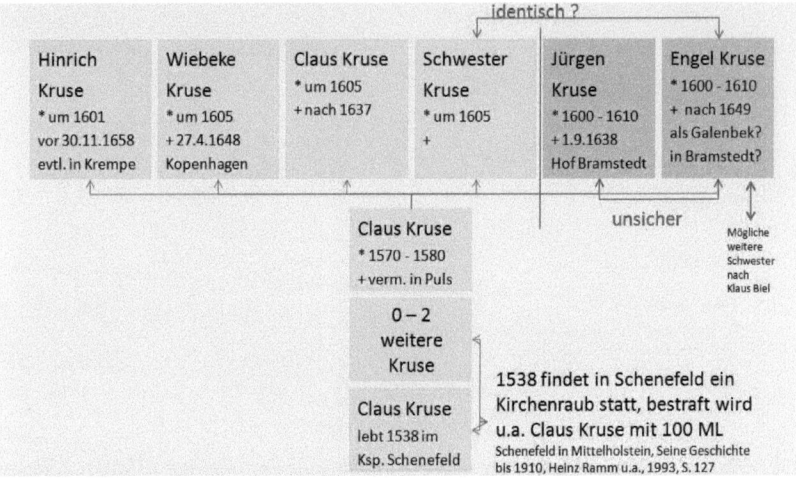

Ergebnis: Familie Kruse aus Puls.

sein. Gleiches gilt für den wahrscheinlich mit ihm verwandten Franz Otto Kruse, Amtsschreiber auf Tremsbüttel.)

Die Familie Kruse

Zu Hinrich Kruses Eheschließungen kann man mit Sicherheit sagen, dass er ca. 1632 mit Catharina Jacobs verheiratet ist. Ob das seine erste Ehe war, ist noch zu prüfen. Nach Vermutung von Klaus Biel war er evtl. in erster Ehe mit der Witwe seines Amtsvorgängers als Vogt (Johann Borchers) auf Drage verheiratet.

Aus der Ehe mit Catharina Jacobs überlebt eine Tochter, die am 21.4.1633 geborene Margaretha Dorothea. Catharina stirbt 1635.

Als Hinrich Kruse 1637 erneut in den Stand der Ehe treten will mit Catharina Osterdorff, der Tochter des Barmstedter Amtmannes Hermann Osterdorff, setzt er für seine Tochter aus der vorhergehenden Ehe eine Ausweisung auf, die erhalten geblieben ist und die Nicoline Still bereits 1973 transkribiert hat.

In dieser Ausweisung[27] werden als Zeugen bzw. Vormünder genannt; Der Vater (Hinrich) selbst, dessen Bruder Clauß Kruse aus Pulße, der Mutterbruder Dietrich Jacobsen in Itzehoe und der Schenefelder Kirchspielvogt Dietrich Twechtmann. Wörtlich: „... zu Pflegern und Vormündern Constituiren und verordnen laßen, die Ehrngerichte(?) und Vornehmen, von der Sehl. Mutter Seite, Dietrich Twachtman, Kirchspielvoigt zu Schenefeldt, und Dietrich Jacobsen zu Itzehoe, und ob(?) seiner des Vatterß seite, Nebst ihm selbsten Seinen Bruder Clauß Krusen zu Pulß. ...“

Es war in Puls

Hier findet sich also mit Claus und mit Wohnsitz in Puls bei Schenefeld in Holstein ein weiterer Bruder zu Wiebeke und Hinrich.

In der Kirche in Schenefeld gibt es gleich zwei eindrucksvolle Hinweise auf die Kruses: Der Hausvogt Hinrich Kruse hat 1637 die mächtige Altarumkränzung gespendet, die noch heute den Altar ziert und in der sein Name verewigt ist. Ob er zu dieser Zeit, wie Klaus Biel vermutet, in Schenefeld auch eine Grabstätte erwirbt, ist noch zu verifizieren. Zeitlich fällt es in das Jahr seiner Eheschließung mit Catharina Osterdorff.

Für die Herstellung der Kanzel in der Schenefelder Kirche wird als Spender mit einem bedeutenden Betrag „Clawes Kruße ZurPolße“ in der an der Kanzel angebrachten Tafel genannt. Ob es sich dabei um den Bruder oder um den Vater des Hinrich Kruse handelt, sei dahin gestellt.

Diese Zusammenhänge hat im Jahr 1987 schon Kuno Schuldt in seinem Beitrag vermutet, ohne allerdings Nicoline Stills Arbeiten zu kennen bzw. zu nennen.[28]

Die Familie (Claus) Kruse ist in den Rendsburger Amtsrechnungen seit dem 16. Jahrhundert durchgehend mit einer Hufe in Puls nachweisbar.[29]

---

27 *18.2.1637 in Glückstadt protokolliert, Glückstadt SH LA 133/261, Band 314 S.132/725.*

28 *Vgl. 21.*

29 *Schönevelde 1540, G. Reimer Das älteste Einwohnerverzeichnis des Amtes Rensburg, in Jahrbuch Rendsburg 1951, S 141, und G. Reimer, Vom Amts Rendsburg, 1540–1800, ZSHG 78, 1954, S. 160f.*

Schlussfolgerung: Die als gesichert anzusehenden Geschwister Hinrich, Claus und Wiebeke Kruse stammen aus Puls.

Die weitere Familie

Neben den beiden Brüdern ist mindestens noch eine Schwester zu Wiebeke nachweisbar, die oder deren Tochter gleichfalls den Weg nach Kopenhagen gefunden hat.

Otto Sperling, Arzt und Botaniker am königlichen Hof (und der Schwiegersöhnepartei um Corfitz Ulfeldt und Leonora Christina zugetan) klagt in seiner Selbstbiographie über einen unfähigen Gärtner, dem er jedoch nicht beikommen könne, da der mit der Nichte („sösterdatter") der Vibeke Kruse verheiratet sei.[30]

An anderer Stelle wird der Name dieses Gärtners mit David König wiedergegeben, der 1646 in Rosenborg zum Gärtner bestallt wurde.[31]

Bei Nicoline Stills Aufzeichnungen findet sich ein Zitat, das sie offenbar in einem Buch/Aufsatz vorgefunden hat, dessen Identität ich bislang nicht ausmachen konnte (Pincier?, Pincun?, ??),: „... ein Bruder wurde Verwalter auf dem Bramstedter Hof, den der König ihr schenkte. Ein anderer Bruder wurde Hausvogt in Krempe, wo der König ein Haus an Wiebcke schenkte und dieser Bruder (oder noch ein dritter) erhielt ein priviligiertes Gewese mit Schankgerechtigkeit im königlichen Burgviertel zu Itzehoe."

Den erwähnten Hausvogt in Krempe finden wir in Hinrich vor! Evtl. ist er es auch mit dem priviligierten Gewese, denn eine weitere Urkunde im Itzehoer Archiv weist aus, dass Hinrich Kruse 1644 die Wellengüter (Münsterdorf, Lägerdorf, usw.) zum Pfand erhält, wozu auch eine Wirtschaft gehört haben soll.[32]

---

30 P.F. Suhm, „Nye Samlinger til den danske Historie", Bd. 3, Kopenhagen 1794, S. 215.

31 Arbejder fra den Botaniske have i Kobenhavn, Universität Kopenhagen, 1919, S. 338 und Kjøbenhavns diplomatarium. Samling af dokumenter, ... før 1728 (1872), S. 261.

32 Stadtarchiv Itzehoe, IZ 1867 F – Abt. 079/1, 6. Dezember 1644, Graf Pentz verpachtet dem königl. Hausvogt zu Krempe Heinrich Krause die kön. Wellengüter

Interessant ist bei Nicoline Stills Zitat der Hinweis auf den Verwalter in Bramstedt.

Im Bramstedter Stellenverzeichnis des Pastors Galenbeck, das um diese Zeit herum die ersten Eintragungen aufweist, steht unter dem Bramstedter Hof: „Jürgen Kruse, gest. 4 Wochen vor S. Michaely 1638, getr. mit Engell N."

Die Witwe Engell Kruse heiratet 1641 Johan Freymoth, den neuen Verwalter des Gutes. Aus der Ehe gehen drei bekannte Kinder hervor. Freymoth stirbt 1649. Die Witwe heiratet wahrscheinlich erneut und zwar (so Klaus Biel) den ebenfalls verwitweten Bramstedter Pastor Galenbeck.

Mit Jürgen Kruse gibt es wahrscheinlich einen weiteren Bruder neben der „Sösterdatter".

Die Suche nach der Quelle des Zitats der Nicoline Still kann hier weiteren Aufschluss geben.

Unter dem Schleier

Wiebeke Kruses Herkunft liegt nicht weiter unter „einem Schleier verborgen". Sie stammt aus der alteingesessenen bäuerlichen Familie Kruse aus Puls bei Schenefeld in Holstein.

Die lokale Forschung in Puls oder einen Familienforschung wird ermitteln können, um welche Hufe es sich im Dorfe gehandelt hat. Es muss eine durchaus wohlhabende Familie gewesen sein, wie die alten Steuerregister mit der Höhe der Abgaben oder die Spendertafel neben der Kanzel in der Schenefelder Kirche nahe legen.

Nachrichten über den Münsterdorfer Kirchenbaufond aus der Zeit von 1850 bis 1860

Elke Witt

Unter den Archivalien der Kirchengemeinde Münsterdorf fand sich ein unscheinbares Büchlein mit dem Titel „Rechnungsbuch über den Münsterdorfer Kirchenbaufond 1850–1860." Diese Quelle in einer schwer leserlichen Handschrift gibt Auskunft über die Mühsal, in Münsterdorf den Neubau einer Kirche zu finanzieren. Sie wurde vermutlich bisher übersehen und noch nicht ausgewertet.

Ansgar (801–865) soll nach späteren Urkunden 834 in Münsterdorf ein Bethaus errichtet haben. Es wird auch schon 822 ein Kloster, die „Cella Welanao", erwähnt und von der Klosterkirche (monasterium) leitet sich der Ortsname Münsterdorf ab. Für die Folgezeit gibt es wohl keine Quellen, „erst aus dem Jahre 1304 (1303?) erfahren wir, dass der Münsterdorfer Kaland bei diesem Dorfe eine neue Kapelle mit Turm und Glocken baue."[1]

1601 wurde die Kapelle wesentlich vergrößert und in eine Kirche umgewandelt. Eine genaue Beschreibung enthält die Münsterdorfer Chronik. Ein Inventarverzeichnis, erstellt von Pastor Kall 1819, berichtet von einer sehr bescheidenen Ausstattung. Er zählt einen Altar, eine Kanzel, eine hölzerne Taufe mit einem Messingboden, eine Orgel, einen Beichtstuhl und eine Kirchenuhr mit einer Glocke auf dem Dach auf. Der

---

1 *Ernst Krohn: Münsterdorfer Chronik, Itzehoe 1966, Auflage 1978.*

Glockenturm war mit Holz verkleidet und enthielt drei Glocken. Zur Ausstattung gehörten einige Altardecken, Messingleuchter und silbernes Altargerät.

Dieses Gebäude war nach 250 Jahren so baufällig, dass man an die Planung eines neuen Gebäudes dachte.

Pastor Martin Matthias Schröder, Sohn des Landmannes Hinrich Schröder (geb. 6. August 1811 in Moordorf) hatte ab 24. April 1833 in Kiel studiert und seine Arbeit 1838 als Kandidat des Predigeramtes in Gottorf begonnen. Am 11. Oktober 1840 wurde er als Pastor in Münsterdorf eingeführt und stellte sich nun als erster von mehreren Nachfolgern der schweren Aufgabe, dieses Vorhaben voranzubringen. Seine Niederschrift gibt Aufschluss über dieses Vorhaben und wird im folgenden in der Original-Schreibweise wiedergegeben. Sie soll so als Quelle für die Forschung erhalten bleiben.

Bis zum Jahre 1850 hat in der Gemeinde Münsterdorf, so viel ich weiss, kein Gemeindemitglied den Wunsch in sich getragen, es möchte an die Stelle des alten verfallenen unschönen Gotteshauses ein neues gebaut und noch weniger es für möglich gehalten, dass dieses ausführbar seyn sollte. In der Gemeinde Münsterdorf, in welcher der Grundbesitz sehr zersplittert ist, so dass sehr wenige einen größeren Besitz haben, haben ehedem besonders in den traurigen Jahren von 1820–1830 die Allermeisten unter dem Druck der Sorge für die leibliche Existenz gelebt, so dass die Gedanken selbst der besseren Gemeindeglieder sich hauptsächlich mit der Sorge beschäftigten, wie sie durch diese Welt kommen mochten. Der ganze Bildungsstand der Gemeinde war ein sehr niedriger und die Verarmung stets im Zunehmen. In den Jahren von 1830–40 stiegen freilich nach und nach die Preise für ländliche Produkte; allein diejenigen, welche nicht von Haus aus Vermögen hatten, konnten doch ihren Wohlstand nicht nachhaltig verbessern.

In den Jahren von 1840–1850 gingen von Jahr zu Jahr die Preise für ländliche Produkte mehr in die Höhe, namentlich die Viehpreise, und die Erndten waren meistens sehr gut. Im Jahre 1846 war freilich wegen Mangel an Frost und wochengehendem Winter, wogender Nässe im Frühjahr und anhaltender Dürre im Sommer die Erndte sehr mässig, aber das Jahr 1847 war ein so gesegnetes, als man lange nicht gehabt hatte. Es erwachte nun auch bei den meisten die Lust immer mehr, ihre

Wirthschaft zu verbessern, die Äcker besser zu bestellen, mehr Land urbar zu machen, die Viehställe zweckmässiger einzurichten und auf die Aufzucht des Viehs mehr Sorgfalt zu verwenden, Auch wurde das Nachdenken über ökonomische Angelegenheiten immer mehr gemein, besonders durch die landwirthschaftlichen Vereine, die allenthalben im Lande entstanden. Dabei waren die Allermeisten sehr fleissig in ihrem Betriebe und ein unordentliches verschwenderisches Leben nahm immer mehr ab. Die Kriegslasten waren freilich seit 1848 nicht unbedeutend, aber beugten keinen nieder.

In den Jahren von 1850–1860 waren freilich noch Kriegsschulden abzutragen, überdies bedeutende Beiträge zu der neu erbauten Nebenlandstrasse von Itzehoe über Kellinghusen bis Bramstedt zu leisten, auch wurde in manchem Jahre eine 4 oder gar 5 fach höhere Landsteuer als vor 1848 eingefordert. Indessen, da die hohen Korn- und Viehpreise blieben, und oft noch höher gingen, so wurde durch diese Abgaben keiner übermässig belastet, sondern es mehrte sich bei großer Betriebsamkeit der Wohlstand von Jahr zu Jahr, so dass nun viele daran denken konnten nicht bloss das Allernothwendigste zur Verbesserung ihres Landes und Hauses zu thun, sondern gründliche Verbesserungen vorzunehmen besonders an den Häusern. Mancher nahm eine gründliche Reparatur an seinem Hause vor, wenn das Haus überall noch derselben werth war, indem er vorne anbaute, um sich das Haus wohnlicher zu machen, eine neue gute Wohnstube, ein Schlafkabinet, eine zweite Stube, eine zweckmässige Küche und eine Vordiele zu gewinnen und hinten sein Haus verlängerte, um mehr Platz zu bekommen. Mancher riss das alte Haus, weil es nicht allein zu kurz sondern auch zu schmal und niedrig war, ganz nieder und baute sich ein ganz neues, oft auch auf einem ganz neuen Platz, wo er seinem Lande näher war. Es ist vielleicht nie so viel in diesem Kirchspiele gebaut worden als in diesem Decenio und wird vielleicht auch nie wieder so viel in 10 Jahren gebaut werden.

Leider ging es in diesen gesegneten Jahren auch zu, wie bei dem Volke Israel zur Zeit des Propheten Hagai, als das Volk in das Land seiner Väter zurückgekehrt war und nun fleissig an seinen alten verfallenen Häusern baute, aber keinen Muth hatte, den Bau des Tempels kräftig anzufassen, sondern immer wieder sagte, die Zeit sei noch nicht da. dass man das Haus des Herrn baue, weswegen der Herr dem Volke durch den Propheten zuruft „Eure Zeit ist da, dass ihr in getäfelten Häusern wohnt aber dies Haus muss wüste stehen," sie mit Unsegen bedroht, wenn sie nicht das Haus des Herrn kräftig anfassten und sie ermuntert sich nicht durch ihre Mittellosigkeit erschrecken zu lassen; „Denn er, der Herr wolle mit ihnen sein, und ihm gehöre beides, Silber und Gold."

Genauso würde es auch hier gesagt werden: „es ist noch nicht Zeit unsere alte verfallene Kirche neu zu bauen; es ist auch keinesfalls so dringend nothwendig, bis daran kann gedacht werden. Viele sagten: „Wir können überall nicht mehr, was unsere Väter konnten, wir können niemals ein neues Gotteshaus bauen, wir können nur das alte bessern und erhalten, dass es nicht einfällt. Dieser Kleinmuth und verzagte Spruch ist daraus zu erklären, dass hier die gegenwärtige Generation in den vergangenen Jahren nicht zuvor in das Land der Väter wie die die Israeliten, sondern erst allmählich zu dem Glauben der Väter zurückgekehrt ist, und dass aber so, wie damals viele im fremden Land blieben, weil es ihnen dort wohlgefiel, auch jetzt noch manche in einer grossen Gottesentfernung stehen geblieben sind und den lebendigen Gott, der Himmel und Erde regiert, dem beides, Silber und Gold gehört, wohl dem Namen nach, aber nicht aus eigener Erfahrung kennen gelernt haben.

Es ist freilich seit 1817, als Dr. Horns in Kiel zuerst wieder für den alten Glauben so kräftig in die Schranken trat, und ihn siegreich gegen alle feindlichen Angriffe verteidigte, bis zum Jahre 1840 die Zahl derer nunmehr gewachsen, die in dem Laute und Gotteswort den Trost und Frieden ihrer Seele suchten, namentlich unter den Studierenden und Predigern; aber ein Erwachen des kirchlichen Lebens und der kirchlichen Interessen, davon das ganze Land und jede Gemeinde des Landes mehr oder weniger berührt wurde, hat doch erst seit Ende der 30-er Jahre stattgefunden. In diesen Jahren zeigte sich das Leben und Weben des kirchlichen und geistlichen Lebens in mannigfaltiger Weise. An vielen Orten füllten sich die Kirchen wieder, überall begann man, Bibel- und Missionsstunden zu halten und sie wurden meistens zahlreich besucht. Christliche Schriften wurden gerne gekauft, in Prediger-Konferenzen wurden kirchliche Fragen ernstlich verhandelt. Hin und her ging man daran, die alten verfallenen und oft mit Schmutz gedeckten Gotteshäuser wieder herzustellen und zu säubern.

Jedoch an einen wirklichen Ausbau des kirchlichen Lebens war in dieser Dürrnis bis zu Anfang der 50-er Jahre wenig zu denken. Es erhob sich überall eine Opposition gegen das kirchliche Leben und ein vielgelesenes Tagesblatt, das Itzehoer Marschenblatt, brachte fast jede Woche irgendeinen hämischen Artikel, der Hauptsatz, den dieses Blatt immer wieder in anderen Wendungen darstellte, war der, die gläubigen Prediger die Gemeinde in den Katechismus zurückführen und wieder dumm machen wollten. Indessen diese dumme Redensart verlor immer mehr an Wirkung, je mehr es sich herausstellte, dass da, wo das Evangelium verkündet wurde, in aller Ruhe neu anderes Leben sich regte; sie verschwand auch vollständig gegen Ende der 50-er Jahre, als man sah, dass diejenigen, welche Gottes Wort lieb hatten, auch für die Sache des Vaterlandes mit voller Entschiedenheit und Treue sich hingaben.

In dem letzten Decenio von 1850–1860 ist nun, nachdem die Gemüther von den Kriegunruhen sich etwas erholt hatten, die Sorge und das Streben innerlich und äusserlich die Landeskirche und jede Gemeinde auszubauen, immer intensiver und allgemeiner geworden. Es ist gearbeitet worden an der Verbesserung des Gesangbuches, an einem neuen Kathechismus; es sind agendarische Arbeiten gemacht, über eine neue Gemeindeorganisation ist verhandelt. Es ist der Plan gemacht, die übergrossen Gemeinden zu theilen, und damit, wie es scheint, in Schenefeld ein glücklicher Anfang gemacht. Überdies haben die Bestrebungen für innere und äußere Mission sehr zugenommen; neue kirchliche Armenpflege ist in vielen Gemeinden aufgebaut. Viele Gemeinden unseres Landes haben ihre verfallenen Gotteshäuser oft mit einem grossen Kostenaufwand wieder hergestellt und geschmückt. Als Glied der Landeskirche ist auch diese Gemeinde mehr oder weniger von der kirchlichen Bewegung berührt und sind kirchliche Interessen in ihr erwacht, wie sich das besonders darin kund gegeben, was hier seit mehr als 10 Jahren für die Armen gethan ist und ebenfalls in der Zunahme an Interesse für eine neu zu erbauende Kirche. Es mag in den letzten 40-er Jahren gewesen seyn, als der Unterzeichnete, der als Kind der Zeit auch alle Entwicklungsstadien der letzten 2 Decenien mit durchgemacht und innerlich mit durchgekämpft hatte, zunächst die Augen über die alte verfallene Kirche in Münsterdorf aufgingen und er so recht fühlte, dass eine bessere Kirche auch für die Erbauung der Gemeinde wesentlich förderlicher seyn würde und der Wunsch nach einer neuen Kirche in ihm recht lebendig wurde. Er unterliess von nun an auch nicht, diesen Wunsch in der Gemeinde überall, wo sich Gelegenheit fand, auszusprechen. Es war aber zuerst, als wenn er gegen eine Wand ansprach, so wenig fand sein Wunsch Eingang. Man hielt das für einen ganz thörichten Wunsch, der gar nicht ausführbar sey, und dessen Ausführung auch nicht nöthig sey. Man sagte immer wieder: „de Kark steiht noch lang un is noch lang gud genog". Trotzdem der Unterzeichnete wusste bereits aus eigener Erfahrung, dass man das, was man am weitesten wegwirft, oft am ersten wiederholt, er liess sich daher durch diesen Widerspruch, den er auch erwartet hatte, gar nicht zurückschrecken, sondern brachte den Kirchenbau immer wieder zur Sprache in der Hoffnung, dass dadurch diese Angelegenheit zunächst in dieser Gemeinde eine viel besprochene werden möge, und dass vielleicht der Eine oder Andere dafür möchte gewonnen werden. Und siehe!

Während es noch schien, dass alles, was darüber gesprochen wurde, in den Wind geredet sey, hatte der himmlische Säemann schon hier und da in einer stillen Seele ein Samenkorn keimen lassen. Ohne, dass ich darum wusste, und auch nur im Entferntesten daran gedacht hatte, bekam ich eines Tages die Nachricht, (marg.durch meinen Bruder in Dägeling), dass die Jungfrau Anna Thode, damals in Itzehoe, in der Erwartung, dass sie vielleicht nicht lange mehr leben werde, d. 4. Sept. ihr Testament gemacht habe und in demselben der Kirche in Münsterdorf 1000 Mark C. vermacht habe, wovon ihre alte Wärterin, die Wittwe Catharina Brandt geb. Becker bis an ihr Lebensende die Zinsen geniessen soll, die aber später mit Zins und Zinseszins zum Bau einer neuen Kirche verwandt werden sollen.

Anna Thode ist geboren in Dägeling den 2. September 1818, eine Tochter des ehem. Hufners Johann Thode daselbst und der weil. Anna, geb. Schröder. Sie hatte ihre Eltern früh verloren, ihre Erziehung war sehr mangelhaft gewesen und für die Ausbildung ihrer guten Geistesgaben wenig gethan. Da sie schwächlich war, so entschloss sie sich, Putzarbeiten zu lernen, besonders das Hutmachen, und da sie es in dieser Kunst bald zu einer recht guten Fertigkeit brachte, so miethete sie sich in Itzehoe ein, um dort theils von ihrer Handarbeit, theils auch von ihren Zinsen zu leben und wohnte manches Jahr bei der in ihrem Testamente bedachten Witwe Brandt. Der Aufenthalt in Itzehoe wurde sehr segensreich für sie. Wie eine bis dahin verschlossene Knospe öffnete ihr Herz sich für das Evangelium, das damals in Itzehoe so reichlich und kräftig gepredigt wurde. Sie führte ein stilles eingezogenes Leben und hatte nur Umgang mit wenigen guten Bekannten in Itzehoe und mit ihren Verwandten in dieser Gemeinde und in diesem Stillleben entfaltete sich ihr inneres äusseres Leben immer lieblicher. Sie arbeitete fleissig; aber dankbar las sie gern gute Bücher und es wurden vielerlei Gedanken in ihr geweckt, die sonst einem Mädchen ihres Standes nicht in den Sinn kommen. Das Gefühl ihrer leiblichen Schwachheit und die Sorge, dass sie wahrscheinlich, wie ihre Mutter, früh an der Zehrung sterben werde, machte ihr Herz besonders für höhere Dinge empfänglich, und so haftete schon auch der Gedanke, eine neue Kirche in Münsterdorf zu bauen, gar bald in ihrem lebendigen Geiste. Der Wunsch, dazu selber etwas beizutragen, wurde in ihr besonders lebhaft, als sie in einer Beschreibung der Stadt Itzehoe gelesen, wie viele milde Stiftungen diese Stadt besitze von solchen, die ohne Leibeserben gestorben und deren Name dadurch bei der dankbaren Nachwelt ein Segen geblieben. Von dem Vermächtnis für unsere Kirche wusste niemand etwas nur mein Bruder Hinrich Schröder in Dägeling, der ihr Onkel war, und mit dem sie alle ihre Angelegenheiten zu berathen pflegte. Weil mein Bruder wusste, dass ich mich sehr über dieses Vermächtnis freuen würde, so vertraute er mir dieses Geheimnis an. Als aber bald nach Errrichtung des Testamentes ihre Schwächlichkeit zunahm, ging sie nach Münsterdorf zu ihrer Halbschwester Margaretha geb. Linau, die an den Hufner Chr. Dammann verheirathet war, um sich von derselben in ihrer Krankheit pflegen zu lassen. Hier habe ich sie öfters in ihrer Krankheit besucht, ihr auch auf ihrem Krankenbette das H. Abendmahl ertheilt. Als ich eines Tages allein an ihrem Krankenbette sass, konnte ich nicht unterlassen, ihr für das schöne Vermächtnis zu danken, worauf sie ganz einfach erwiderte, sie habe von solchen Vermächtnissen in Itzehoe gelesen und gedacht, es wäre doch auch hier eine neue Kirche bald nöthig. Sie entschlief im Glauben an ihren Heiland d. 9. December 1851 und wurde auf dem hiesigen Kirchhofe begraben. Auf ihrem Grabe steht ein eisernes Kreuz, worauf das Wort geschrieben ist, das der Herr einst über der Maria sprach, als sie in hingebender Liebe ihn gesalbt hatte. Als

nach ihrem Tode das Testament publiziert wurde, ist mir das Vermächtnis für die Kirche in einem Feuerkassenschein No 13624 eingehändigt.
Die Zinsen aber wurden bis jetzt jährlich an die alte Brandt gegeben.

Wie der Gedanke an eine neue Kirche in dem Herzen der Entschla-
fenen fruchtbar geworden war, so wurde er auch lebhaft aufgefasst von
einem frommen Gemüthe in Münsterdorf, Therese von Düring, einer
Tochter des Hauptmannes von Düring, der hier d. 20.Sept. 1852 gestorben ist, nachdem er über 30 Jahre hier gewohnt hatte. Seine Kinder verliessen das elterliche Haus, wenn sie erwachsen waren. Seine 5 Söhne
(marg. die Frau ist schon vor dem Vater gestorben) traten in preussi-
schen Militärdienst, seine Töchter conditionierten in angesehene Familien. Die eine Tochter, Therese, blieb bei den Eltern zu Hause und
führte seit 1835, als ihre Mutter starb, den väterlichen Haushalt. Sie war
eine Maria - Seele, welche zugleich die Tüchtigkeit der Martha hatte,
und mit Wenigem den Haushalt des Vaters zu führen wusste. Sie theilte
den Armen gern mit, so viel sie konnte, und trug ihr schweres Kreuz
mit bewundernswürdiger Geduld. Als ich 1840 nach Münsterdorf kam,
war sie schon schwerhörig und ihre Schwerhörigkeit nahm von Jahr zu
Jahr so sehr zu, dass sie zuletzt in der Kirche nicht mal die Orgel hören
konnte und man ihr nur wenige Worte, wenn sie ihr ins Ohr geschrieen
wurden verständlich machen konnte. Sie war oft tief gebeugt unter diesem Kreuz, aber überwand immer wieder ihren Schmerz und war dann
oft sehr fröhlich in dem Herrn. Besonders schmerzlich war es für sie,
dass sie die Predigt des Wortes Gottes nicht hören konnte; sie kam aber
doch an den Festtagen in die Kirche, weil der Gedanke, mit der ganzen
Gemeinde vor dem Herrn zu stehen und ihn anzubeten, so erhebend
für sie war. Sie nahm stets innigen Antheil an dem Gemeindeleben und
hätte viel thätiger mit angefasst, wenn sie nicht in aller Weise wäre be-
hindert gewesen. Auf ihren Antrieb wird es geschehen seyn, dass ihr
ältester Bruder, preussischer Major a. Dienst, als er, nachdem die Land-
stelle seines Vaters verkauft war, mit seiner Schwester aus Münsterdorf
wegziehen wollte, mir am 8. April 1853 namens seiner Geschwister 50
PM Cour. schenkte für eine neue Kirche, welche Summe am 30. Juni
d.J. bei der Itzehoer Sparkasse belegt ist. Die Schwester Therese hat sich
noch oft, wenn sie aus Fraustadt, in Schlesien, wo sie mit ihrem Bruder

lebte, nach dem Fortgang des Kichenbaues erkundigt; sie ist aber 1856 zu ihres Herrn Frieden eingegangen.

So sind dann bis zum Jahre 1852 von 2 gottseligen Jungfrauen 2 Bausteine zum Bau einer neuen Kirche herzugetragen und ist auch wieder des Wort eines frommen Mannes bestätigt, dass im Reiche Gottes die gottseligen Weiber den Männern immer einige Schritte voraus sind. Unterdess war der Kirchenbau in der Gemeinde zwar viel besprochen; aber nur hin und wieder hörte man aus einem weiblichen Munde eine Freude und Hoffnung, dass dieses Werk möchte zu Stande kommen, laut werden, im ganzen spürte man nicht, dass die Gemeinde mit Ernst an eine neue Kirche dachte.

1853 fand der Unterzeichnete Gelegenheit, auch, wie er schon lange gewünscht hatte, einen kleinen Stein herzutragen zu können. Als Mitarbeiter einer in unserem Lande 1852 neu begründeten Monatsschrift schrieb er 1853 einen längeren Aufsatz, betitelt: „Über die zunehmende Armuth in unserem Lande und die wahre Hilfe dagegen", der in 3 Monatsheften abgedruckt wurde und während des successiven Erscheinens entschieden Beifall fand; weswegen der Buchdrucker Pfingsten in Itzehoe, bei dem die Monatsschrift erschien, beauftragt wurde, von diesem Aufsatze einen Separat-Abdruck von 200 Ex. zu besorgen, die zum Besten des Kirchenbaufonds verkauft werden sollten. Die 200 Ex. kamen nicht in den Buchhandel, was wohl besser gewesen wäre, sondern wurden von der Buchdruckerei und mir à 12 F Cour. verkauft. Obgleich nicht alle Ex. verkauft sind, so ist doch der Reinertrag däutlich 10 Th Cour. gewesen und es werden auch noch später einige Ex. verkauft werden. Als im Jahre 1854 die Kirchenjuraten ein Kirchen-Capital 1100 Th. Sparzins, die damals bei dem hohen Cours des Sparzins zu 1133 Th.Cour berechnet wurden (ihr Kirchenumfang per 1854) zu belegen hatten, und beschlossen wurde, dafür einen Feuerkassenschein, lautend auf 1000 Th.Cour, der für 1162 Th. 8 Cour zu kaufen war, anzukaufen, trug ein Kirchenjurat Vorkassa, die fehlenden 29 Fl 8C aus der Kirchenkasse zu nehmen, und erbot sich daher der Unterzeichnete, sie aus dem Kirchenbaufonds freizugeben unter der Bedingung, dass die Summe, welche die Obligation über 1133 werth sey, also 117 FL, auch dem Kirchenbaufond gehören sollte. Dieses Anbieten wurde angenommen. Es sollte damals der Fond um 87 Fl 8 C vermehrt werden. Seit der Zeit sind nur einige kleinere Schenkungen und die Zinsen des geschenkten Capitals zum Fond hinzugekommen.

Zum Schmuck der neuen Kirche hat Fräulein Ross auf Luisenberg bei Kellinghusen ein schönes Altarbild versprochen, das auch bereits fertig ist und wahrscheinlich zu Ostern dieses Jahres der Kirche wird übergeben werden. Es hat der Unterzeichnete auch schon andere Zusagen für die Ausschmückung und den Bau der Kirche erhalten und es ist zu hoffen, dass wenn nur erst die Gemeinde ein Interesse zeigt für dieses gute Werk, dass dann die Leute von allen Seiten helfend hinzutreten würden. Es ist in der Gemeinde bei vielen ein Interesse für eine neue Kirche erwacht und manche sind auch bereit, für dieses schöne Werk Opfer zu bringen; ob aber schon so viel christliche Saat da ist, dass die Gemeinde im Ganzen etwas bereitwillig etwas dafür zu thun geneigt ist, das muss sich in der nächsten Zeit zeigen. d 1.März 1860. M. Schröder.

Nachdem der Herr Pastor Schröder, mein um die Sache des Kirchenbaus hochverdienter Vorgänger im Jahre 1863 nach Neuenbrook versetzt worden, und ich als Prediger der Münsterdorfer Gemeinde am 17.May (Exaudi) 1863 erwählt, und am 13. Juny d.J. introdiiert wurde, haben die Bestrebungen für den hiesigen Kirchbau lange geruht. – Es verstarb im Februar 1865 die Wärterin der A. Thode, welche testamentsmässig bis zu ihrem Tode den Zinsgenuss der 1000 M C Banco haben sollte, welche A.Thode für den Kirchenbau vermacht hat. Von nun fliessen die jährlichen Zinsen mit 43 M 12 Cour.

Ferner ist es dem Herrn Visitator, dem Kirchenpropsten Versmann, bei der diesjährigen Specialkirchenvisitation gelungen, die p.t. Kirchenjuraten (Jacob Rahlfs, Peter Körding, Jacob Egge und Jacob Rave) zu bewegen, dass sie alljährlich eine angemessene Summe aus dem Überschuss der Kirchenkasse entnehmen und bei der Spar- und Leihkasse in Itzehoe belegen wollten; demgemäss sind denn nun im December d.J. 400 M Cour. belegt worden, welche am 1. Jan. 1866 zinstragend werden. Endlich ist durch erhöhten Zinsgenuss dafür der Cassabehalt so hoch geworden, dass aus demselben 70 Mark Cou. bei der Spar- und Leihkasse belegt werden können.

Der erste Anfang eines bereitwilligen Thuns aus der Gemeinde durch ihre Vertreter ist also gemacht! Der Herr unser Gott gebe ihm zu dem Anfang einen recht gedeihlichen Fortgang.

– Münsterdorf 28. Dec. 1865.　Fries

Auch im Jahre 1866 sind bei der Itzehoer Spar- und Leihkasse 400 M C aus dem Überschuss der Kirchenkasse belegt worden. im Dec. 1866 Fries

Am Tage der Kirchenvisitation d 6 ten Aug.1867 wurden von dem Herrn Propsten Versmann 100 FL Cour. aus der Sammlung des Sonntagsboten und von dem Unterzeichneten der erste Reinertrag aus seinem für den hiesigen Kirchenbau herausgegebenen Buch „Bilderbuch zum Vaterunser" mit 400 FL Cour. eingehändigt. Jedoch haben der Herr Propst und der Unterzeichnete es sich vorbehalten, über die Art und Weise der Verwendung dieser Summe für den Kirchenbau ihre Verfügung zu treffen! Wir beten bei solchem fröhlichen Wachsthum der heil. Kirche: Herr, hilf weiter! Herr lass es gelingen! Münsterdorf, d. 7. Aug. 1867 Fries

Am 31. Januar 1868 wurden mir vom Herrn Pastor Fries als Reinertrag seines oben genannten Buches 200 M Cour, vom Herrn Propsten Versmann, durch den Sonntagsboten gesammelt, 50 M Cour. eingehändigt und bei der Itzehoer Sparkasse belegt. Im Februar lieferte der Architekt und Zimmermeister Vogt in Itzehoe Risse und Kostenvoranschläge dem Herrn Propsten ein. Die Kirche in Schiffsform, gothischen Stils, einfach und geschmackvoll, 107' hoch und 109' lang mit schlankem Thurm. Emporen an beiden Längsseiten des Schiffes. Kostenvoranschlag summa summarum 34 500 M Cur. in dieser Summe folgende Posten: Orgel zu 1700 M Cour, Kanzel (aus Eichenholz geschnitzt) 500 M Cour, Altar 600 M Cour, zwei eiserne Öfen 450 M Cour, Bauaufseher 700 M Cour, unvorhergesehene Ausgaben 1300 M Cour. Es wurden im Hause des Herrn Propsten zwei Sitzungen gehalten, die eine am 24. März, die andere am 23. April, bei welchen der Herr Propst, der Oberinspektor Posselt, der Pastor Schröder, zur Zeit in Neuenbrook, der Unterzeichnete (am 26. Jan. gewählte und am 9. Febr. eingeführte hiesige Pastor) und die vier Juraten des Münsterdorfer Kirchspiels zugegen waren. In der ersten Sitzung wurden die Risse und Kostenanschläge vorgelegt, eine vorläufige Übersicht unserer Finanzverhältnisse gegeben und ein Regierungsschreiben vorgelegt, wonach bezüglich einer ausserordentlichen Gemeindeumlage zum Zwecke des Kirchenbaues vorgeschlagen wurde, 1/3 von der Steuer für Grundbesitz und 2/3 der

Vermögens⁻ und Einkommensteuer zu erheben. Zwischen dieser ersten und der zweiten Sitzung wurden die Risse und Kostenanschläge zu Jedermanns Einsicht im hiesigen Pastorat ausgelegt. Es fanden sich recht viele Besucher ein, besonders an den Ostertagen, die sich mit grossem Interesse die Risse und Abbildung ansahen und sich des neuen Kirchleins herzlich freuten. In der zweiten Sitzung erstattete der Unterzeichnete Bericht über das billigende und erfreute Urtheil vieler Gemeindemitglieder über den ausgelegten Bauplan und über die Willigkeit, die in der Gemeinde herrsche bezüglich des Kirchenbaues, was auch von den Juraten bestätigt wurde. Es wurde der Vorschlag der Regierung bezüglich der ausserordentlichen Kirchensteuer genehmigt, aber beschlossen, an die Regierung die Vorfrage zu thun, ob nicht auch die im Kirchspiel nicht dominizilierenden Grundbesitzer, (vorzüglich zwei Fabrikanten mit ihrem Besitz in Lägerdorf), nach einem Theile ihrer Vermögens- und Einkommenssteuer zur ausserordenlichen Kirchenlast mit könnten herangezogen werden. Wenn auch anerkannt wurde, dass sie den gesetzlichen Bestimmungen nach von einer derartigen Last befreit wären, so wurde doch hervorgehoben, dass sie doch eben aus dem Grund und Boden unseres Kirchspiels ihren Reichthum und ihr Vermögen erhöben. Zugleich wurde vorgeschlagen, der Unterzeichnete möchte zur Beschleunigung der Sache (da briefliche Verhandlungen ins Stocken gerathen) mit weiteren zwei Juraten zum Bischof Koopmann nach Altona reisen, ihm als Vorsitzenden des Committee für die Verwaltung des Landeskirchenbaufonds unsere Gemeindeverhältnisse darlegen und noch einmal um kräftige Unterstützung unserer Sache von seiten dieses Commitees bitten. Am folgenden Morgen wurde die Reise angetreten in Begleitung der Juraten Peter Körding in Lägerdorf und Gehrt Gloyer in Münsterdorf. Der Herr Bischof sagte uns, dass wir freilich 10000 M Cou gewünscht aus den Mitteln des Fonds, nicht erwarten dürften. Das Committee, das der Regierungsverfügung von 1857 gemäss seine Hauptaufgabe darin erkannte, neubegründete, evtl. abgezweigte Gemeinden zu unterstützen, habe sich an die Regierung gewandt, unserer Gemeinde zum Zweck des Kirchenbaus 2000 Th. gemäss 5000 M Cour bewilligen zu dürfen. Als wir nun dadurch, wenn auch bei allem Danke gegen das Committee, insbesondere gegen den Herrn Bischof etwas niedergeschlagen waren und äusserten, nun könne wohl fürs Erste noch nichts werden aus unserem Kirchenbau, erwiderte der Herr Bischof mit dem sehr erfreulichen Versprechen, er wolle für das nächste Jahr, damit es mit Gottes Hilfe das Baujahr werden könne, die Summe von 1000 TH = 2500 M Cour, die ihm alljährlich von einem reichen Freunde der Kirche übergeben würden zur freien Verwaltung in Kirchenbausachen, unserer Gemeinde zuwenden, für die folgenden Jahre sollten wir die Zinsen haben davon, etwa 200 M Cour, vielleicht auch etwas mehr. Wir waren sehr dankbar und erfreut über dieses Versprechen und für das Interesse und die Theilnahme, welche der Herr Bischof unserer theuren heiligen Sache zuwendete. Der Herr Propst war auch sehr befriedigt von dem Resultat unserer Reise und meinte, es könne wohl mit Gottes Hülfe im nächsten Jahre der Bau vor sich gehen. – Gott sei Dank für alles. Er wird ferner helfen, so wir glauben und beten. Münsterdorf, im Mai 1868. Joh. Nissen

Die oben ausgesprochene Hoffnung, dass wohl im nächsten Jahr (1869) mit dem Bau angefangen werden könne, ist freilich nicht in Erfüllung gegangen; er ist vielmehr durch mancherlei Hindernisse noch drei Jahre bis 1871 aufgeschoben worden.

Gegen Ende des Jahres 1868 wurden die Risse und Kostenanschläge des Zimmermeisters Vogt von der Regierung zurückgesandt mit nur wenigen Ausstallungen, aber doch neue Risse anbefohlen, weil der Bau sowohl für die Seelenzahl als auch für die Finanzen der Gemeinde zu gross wären. Herr Vogt arbeitete nun neue Risse nach denselben Prinzipien wie früher aus, nur wurden die Dimensionen kleiner, die Kirche war auf nur 350 Sitzplätze berechnet. Die neuen Risse und Kostenanschläge wurden nun der Regierung zugesandt und ruhten in den Akten derselben bis Ende 1870.

Im Auftrage der Regierung wurden auf Grund der im Jahre 1869 durch die Gemeindeordnung eingetretene Neuordnung der Gemeindeverhältnisse die Vorschläge der neuen Kirchensteuer (vgl S.19) am 25.April 1870 dem Kirchenvorstand der Gemeindevertretung vorgelegt, welche genehmigt wurden. Auch wurde mit Freuden vernommen, dass der Antrag der Commission für den Kirchenbaufond, uns aus diesem Fond 5000 M C zu geben, die Genehmigung der Regierung gefunden habe. Die Risse und Kostenanschläge wurden am Ende des Jahres 1870 zurückgesandt und hinsichtlich des Baues dem Herrn Propsten (endlich!) Alles in die Hand gegeben.

Es wurde nun im Februar 1871 eine Bekanntmachung erlassen, behufs Neubaus der Kirche Offerten einzureichen. Am 27.März 1871, nachdem noch vorher die Gemeindvertreter auf ihren Protest gegen noch in diesem Jahre vorzunehmenden Kirchenbau von der Regierung abschlägigen Bescheid erhalten, wurde über die nach der diesfälligen Bekanntmachung eingegangenen Offerten zum Kirchbau Beschluss gefasst. Es waren sieben Offerten eingegangen und wurde den Mindestfordernden, Zimmermann Wichmann und Relling in Kellinghusen, die den Bau nach den ausgearbeiteten Bedingungen für 24.950 M Cour. übernommen hatten, einstimmig, sowohl von Seiten des Kirchenvorstandes als auch von Seiten des Visitatoriums und des Patronats der Zuschlag ertheilt. Am 30. März wurde im Pastorat der Baucontract unterschrieben vom Kirchenvorstand einerseits, von den Unternehmern und drei Bürgen andererseits. Aus den Bedingungen wurden Kanzel, Altar, Stuhlwerk, Orgel, Langbänke ausdrücklich ausgenommen, deren Arbeit noch besonders für sich in Submission gegeben werden soll, und sich auf reichlich auf 6000 M.Cour. belaufen werden. Da die Gemeinde zum Bau jetzt circa 14.000 M Cour. in Händen hat, so sind noch 17.000 M Cour. anzuleihen. Diese Anleihe ist neuerdings von der Regierung genehmigt. Der Abtrag ist 400 M Cour. jährlich. Am Sonntag Quasimodogeniti (16.April) ist in der alten Kirche der letzte Gottesdienst gehalten worden, von der sich Manche, namentlich die Alten nur mit Wehmuth trennten. Am 17. April wurde mit dem Abbruch begonnen, nachdem auch die Gemeinde von dem Geheimen Konferenzrat von Scheele in Kopenhagen die Erlaubnis bekommen hatte, das ihm gehörige, vormals Queissersche an die Kirche angebaute Erbbegräbnis abzubrechen und die darin befindlichen 9 Särge zu versenken in den Grund der Kirche. Am 1.Juni, nachmittags 3 Uhr wurde der Grundstein der neuen Kirche gelegt (unter dem Altar) unter guter Beteiligung der Gemeinde und auswärtiger Freunde. In den Grundstein ist vermauert eine kupferne Kapsel, worin sich folgende Gegenstände befinden:

- Grundriss der neuen Kirche von Zimmermeister Vogt
- Zwei Photographien von der alten Kirche (Gotteshaus \Glockenturm)

- Geschichte des Neubaus der Kirche vom Jahre 1850 an nach diesen von Herrn Pastor Schröder jüngst mitgeteilten Nachschriften
- Geschichte des Münsterdorfischen Consistoriums von Pastor Schröder
- Das Bilderbuch vom Heiligen Vaterunser von Pastor Fries
- Die Pfingstnummer das Sonntagsboten von Consistorialtath Versmann
- Eine Nummer der Itzehoer Nachrichten, worin der Frankfurter Friedenstractat.
- Einige jetzt gangbare Münzen

Auf dem Bauplatz war eine Kanzel hergerichtet und geschmückt, welche nach dem Gesange 108: Allein Gott in der Höh', mit schöner Hornbegleitung (die ein hiesiger Freund der Kirche allein besorgt hatte), gesungen, von Consistorialrath Versmann bestiegen wurde, der an der Hand von 1. Corinth. 3-11 eine längere Rede hielt, in welcher er mit Dank gegen Gott gedachte, was hinsichtlich des Baues bis jetzt geschehen und hoffend und erfreut in die Zukunft blickte. Dann geschah die Legung des Grundsteins, bei welcher auch von den befreundeten Predigern manches schöne Wort gesprochen wurde. Da es stark regnete, so hielt der Unterzeichnete nach der Rede des Consistorialrathes nur ein kurzes Gebet. Danach wurden die beiden Strophen von „Nun danket alle Gott" gesungen und mit dem mosaischen Segen schloss die schöne und seltene Feier. Viele der Freunde blieben noch einige Stunden als freundliche Gäste des Pastorats.

Nun ist der Bau, in seinen Umrissen leicht erkennbar, bis zur Sockelhöhe gediehen. Gott sei Dank, der es alles dahin geführt hat.

Münsterdorf, Ende Juni 1871. Joh. Nissen

Während des Baues wurde in dem während des Sommers freistehenden Schullocal der Elementarklasse Gottesdienst gehalten und die sonstige Uhrglocke, welche auf einem Gestell auf dem Schulplatz befestigt war, wurde zum Anfang des Gottesdienstes angezogen. Das Local erwies sich an den Festtagen als unzureichend. Dann mussten im Local der Hauptklasse Plätze angewiesen werden für diejenigen, die in den obenerwähnten Räumen keinen Platz fanden. Wir waren mit unseren Gottesdiensten zu dieser Zeit wie in der Fremde, aber hatten das stets wachsende Kirchlein ja vor Augen. Für den Gesang war das Harmonium von dem Zahnarzt Reimers in Itzehoe angemiethet worden.

Abgesehen von einer Differenz mit den Bauübernehmern hinsichtlich der von ihnen angelieferten Steine, einer daraus entstandenen Verzögerung des Baues und einer desfalls erforderlichen Hinzuziehung zweier Sachverständiger als Schiedsrichter, die im Sinne der Bauleitung entschieden, wurde rüstig und in gutem Frieden weiter gebaut. Die Bauübernehmer hatten Mauerleute aus unserer Gemeinde, sowie aus Breitenberg und Zimmerleute aus Kellinghusen herbeigezogen; für alle dabei betheiligten Handwerker wars gewiss der erste Kirchenbau. Im August wurde das Kirchendach gerichtet und von dem ältesten Zimmergehilfen bei der Gelegenheit ein sehr passendes und ernstes Gedicht hergesagt. Die Richtfeier für den Thurm wurde Ende September gehalten, bei welcher Gelegenheit den Arbeitern ein Richtschmaus gegeben wurde. Mittlerweile war auch schon an dem Innern der Kirche, den Emporen, dem gewölbten Boden rüstig gearbeitet worden.

Im September wurden die Holzarbeiten für das Innere der Kirche, und genauer einzeln verdungen. Die eingegangenen Offerten, namentlich in Hinsicht der Kanzelarbeit differierten ganz bedeutend. Für die Ausführung der Kanzelarbeit waren eingegangen 5 Offerten, unter welchen die des Tischlers Quick in Itzehoe angenommen wurde. Derselbe hat diese vorzügliche und wahrhaft künstlerische Leistung seines Handwerks für 850 M Cour. ausgeführt (inclus. Kanzeldeckel und Kanzeltreppe). Der steinerne Sockel der Kanzel ist auch in dieser Summe mitbeschlossen, von dem Bildhauer Müllenhoff in Kiel gearbeitet. Die Figuren in den 5 Feldern der Kanzel sind erst später, im April des Jahres, hineingekommen. Diese sind in Nürnberg gefertigt, von Pastor Fries geschenkt, kosten insgesamt 250 MC. Die Apostel sind, vom Altar aus angefangen der Reihe nach folgende: Thomas (der mit einer Lanze vom Altar angestochen sein soll), Johannes, Petrus (eine vorzügliche Arbeit), Andreas und Philippus.⁻ Zur Verfertigung des Altaraufsatzes, welcher durch freiwillige beim Sonntagsboten eingegangene Gaben hergestellt wurde, waren eingegangen 6 Offerten, unter welchen die des schon vorhin genannten Tischlermeisters Quick angenommen wurde, zu 350 M C. Das schöne, von Fräulein Ross auf Luisenberg angefertigte Altarbild (Anm 5) wurde nach der Absicht der Geberin dem neuen Altar eingefügt. Die hölzernen Altarbrüstungen hat Tischlermeister Quick besonders verfertigt zu 55 MC. Zur Verfertigung des Patronatsstuhles, den das Patronat auf eigene Kosten herzurichten gütigst übernommen hatte, waren 4 Offerten eingegangen, unter welchen die des Tischlermeisters Gosch in Itzehoe (zu 296 MC) angenommen wurde. Unter den 7 zur Verfertigung des Gestühls im Schiff der Kirche eingeg. Offerten wurde die Offerte des Tischlermeisters Pries in Itzehoe angenommen, welcher die Arbeit für die Summe von 960 MC übernahm. Die Bänke auf den beiden Emporen sind von dem hiesigen Tischler Behn gemacht, und zwar für die Summe von 96 MC. Während in der Kirche gebaut wurde, liess der Sonntagsbote eine Bitte an seine Leser ausgehen um Gaben für einen Taufstein, da die frühere hölzerne Taufe durchaus nicht zu der neuen Kirche gepasst haben würde. Der Bildhauer Müllenhoff in Kiel hatte eine Zeichnung und Kostenanschlag eines Taufsteines (in Sandstein auszuführen) entworfen. Auf die Bitte des Sonntagsboten erklärte sich Fräulein Auguste Bauer in Altona bereit, einen Taufstein zu schenken (80 MC). Dem Bildhauer Müllenhoff wurde die Arbeit übertragen, die auch ganz vorzüglich ausgeführt worden ist. Zum Taufstein gehört ein hölzerner Deckel, in dessen Mitte sich ein knospendes Kreuz erhebt, nach altkirchlichem Stil.ˉ Zum Bau einer Orgel wurden vom Orgelbauer Nagel in Itzehoe zwei Dispositionen vorgelegt. Der Kirchenvorstand entschied sich für die größere Disposition: 2 Manuale, freies Pedal und 12 Stimmen für den Preis von 3000 MC. Nach Verabredung mit dem Herrn Consistorialrath Versmann und dem Vertreter des Patronats wurde dem Orgelbauer Nagel auch die Ausführung übertragen. Er ist freilich noch ein Anfänger und unsere Orgel sein erstes selbstständiges Werk. Aber seine Lehr- und Gehilfenzeit bei anerkannten Orgelbauern Deutschlands, (z.B. bei Walkes in Ludwigsburg) sowie seine sehr guten Zeugnisse, und seine inzwischen erfolgte sehr accurate Ausarbeitung der einzelnen Theile lassen uns das Beste hoffen. Die Frau Gräfin Rantzau auf Breitenburg hat unserer Kirche freundlichst einiges Material zur Orgel, das in der Capelle sich vorfand und von Nagel zu 400 MC taxiert wurde, geschenkt. Laut Contract mit Nagel soll die Orgel zum 15.September n.J. abgeliefert und der Gemeinde übergeben werden. Von unserer früheren Kirchenorgel war nichts mehr zu verwenden und wurde das vorhandene Material von Nagel für 60 MC gekauft. – Die Anbringung der Uhr im Thurm (es war die alte Uhr, die ganz vorzüglich gearbeitet sein soll von dem verstorbenen Dammann auf Lehmkuhl in den 40 er Jahren verfertigt), sowie die Verfertigung des Ziffernblattes wurde dem Uhrmacher Eggers aus Itzehoe für 52 Thaler preus. übertragen. Zum Dezember war diese Arbeit beschafft und wurde Eggers fortan die Aufsicht über die Uhr übergeben.

Bis in den Winter hinein, trotz des eintretenden Frostwetters wurde von den Unternehmern Wichmann und Relling in der Kirche gearbeitet, aber zu Ende des Jahres 1871 stand nun das Gebäude auch fertig da; die Orgel war ausdrücklich dem nächsten Jahr vorbehalten. Dem Zimmermeister Vogt in Itzehoe, der Risse, Kostenanschlag und Zeichnungen entworfen, sowie die Bauleitung übernommen hatte, gebührt das höchste Lob, für seine große Sachkenntnis, seine Umsicht und Energie. Möge es ihm vergönnt sein, noch mehr Kirchen in unserem Lande zu bauen. Herrn Vogt zur Seite stand der Kirchenvorstand, sowie zwei von den Gemeindvertretungen gewählte Einwohner des Kirchspiels: Büsing (nunmehr schon verstorben) in Münsterdorf und Körding in Lägerdorf. Als ein der Bauleitung untergeordneter Aufseher wurde der Zimmermeister Hans Hauschildt hinselbst angenommen.

Nachdem noch für eine passende Altarbekleidung gesorgt war (es wurde an das vorhandene Altartuch, das von der früheren Kirche vorhanden war, eine breite Goldborte angesetzt und ein Altarlaken angeschafft), konnten die Zurüstungen zum Einweihungstage in Angriff genommen werden. Im Einvernehmen mit dem Visitatorium und Patronat wurde der 4.Januar als Einweihungstag festgesetzt. Die Beschreibung dieses schönen für unsere Gemeinde ewig denkwürdigen Festes ist in anliegender Nummer des Sonntagsboten anschaulich und vollständig gegeben, dass darüber unsererseits nichts hinzuzufügen ist.

Am Nachmittage desselben Tages wurde beim Gastwirth Hauschild ein einfaches Mittagessen eingenommen, an welchem ca. 90 Personen (auch viele aus der Gemeinde) Theil nahmen und Herr Consistorialpräsident Dr. Momsen den ersten Toast auf das Wohl der Münsterdorfer Gemeinde ausbrachte. Bald nach 4 Uhr verliessen uns unsere Gäste, die uns dieses seltene Fest feiern halfen und von denen mancher uns bezeugt hat, dass es ihm ein schönes und erhebendes Fest gewesen ist.

Nun ist sonntags und festtags in der neuen Kirche Gottesdienst gehalten und das Psalmwort: „Wie lieblich sind deine Wohnungen" darf nun darin vom Altar wieder laut werden aus dankerfülltem Herzen. Mit einer neuen köstlichen Gabe wurde die Gemeinde am ersten Pfingsttage überrascht. Die Kinder des verstorbenen Hufners Hinrich Schröder in Dägeling hatten der Gemeinde zwei schöne neue silberne Altarleuchter geschenkt, welche an jenen Festtagen zum ersten mal auf dem Altar prangten. (Anm 6)

Am Sonntage Jubilate 1879 wurde die aufs Beste gelungene Orgel eingeweiht, nachdem Herr Organist Katterfeld aus Preetz dieselbe am vorhergehenden Tage in allen Teilen geprüft und für ganz vorzüglich erklärt hatte, zu der er der Gemeinde nur Glück wünschen könne. Derselbe spielte auch am Einweihungstage die Orgel. Dieses Werk hat dem Erbauer

Ehre gemacht, zumal da es seine erste Arbeit ist. Consistorialrath Versmann besuchte noch wenige Wochen vor seinem Tode unsere Kirche, liess sich auf der Orgel vorspielen und äusserte seine grosse Freude über dieses Werk.

Im Frühjahr 1878 hat endlich auch die Kanzel ihre Polsterung bekommen von rothem Sammet mit gelbseidenen Fransen, so dass nun die Kirche bis ins Kleinste vollkommen ausgestattet ist. Schliesslich habe ich noch die traurige Pflicht, zu berichten, dass mein früher geäusserter Wunsch, der Erbauer unserer Kirche, Herr Zimmermeister Vogt möge noch mehr Kirchen bauen, leider nicht in Erfüllung gegangen ist. Herr Vogt ist leider, nach langem Brustleiden am ersten Pfingstage 1875 in Meran, wohin er zur Cur gesandt wurde, gestorben! Nun ist die schöne Kirche schon 3tes Jahr in Gebrauch und hat sich vortrefflich bewährt. Gott lasse seine Augen allezeit in Gnade darüber, wie über der Gemeinde offenstehen. Ihm sei Ehre in Ewigkeit! Mai 1875. J. Nissen

Quelle

*„Nachrichten über den Münsterdorfer Kirchenbaufonds aus der Zeit von 1850–1860"
begonnen von Pastor Schröder, fortgesetzt von den Pastoren Fries und Nissen
bis zum Abschluss der Arbeiten 1872. Das Büchlein wird im Kreiskirchenarchiv
in Wrist aufbewahrt.*

Anmerkungen

Anm.1: Pastor Martin Matthias Schröder, Sohn des Landmannes Hinrich Schröder, wurde am 06.08.1811 in Moordorf geboren Er hatte ab 24.04.1833 in Kiel studiert und seine Arbeit als Kandidat des Kirchenamtes in Gottorf begonnen. Am 11 10.1840 wurde er als Pastor in Münsterdorf eingeführt. Er verließ 1863 Münsterdorf und übernahm die Pfarrstelle in Neuenbrook. Man könnte meinen, er habe enttäuscht über die Vergeblichkeit seiner Mühen um den Kirchenbau die Gemeinde verlassen, aber in Neuenbrook stand eine ähnlich verfallene Kirche. Doch die neue Gemeinde war durch großen Landbesitz wohlhabender und wegen ihrer hohen Einkünfte begehrt. Er bezog dort also ein höheres Einkommen und konnte mit seiner Familie als erster Amtsinhaber das neu erbaute Pastorat beziehen. Er verstarb nach zehnjähriger Tätigkeit 1873 an einem Brustleiden.

Anm.2. Pastor Jürgen Nicolai Fries wurde am 22.11.1823 in Flensburg geboren. Er war ab 09.03.1851 als Diakonus in Heiligenstedten, ab 11.02.55 als Pastor in Blekendorf und ab 17.05.1863 Münsterdorf tätig. Er wechselte am 08.09.1867 als Hauptpastor nach Heiligenstedten und starb dort am 05.08.1894.

Anm.3. Pastor Johann Franz Nissen wurde am 17.05.1841 in Glückstadt geboren. Er begann seinen Dienst am 09.09.1866 in Heiligenstedten und wechselte am 26.01.1868 nach Münsterdorf. In seiner Amtszeit wurde die Kirche gebaut. Vom 14.07.1878 arbeitete er als Hauptpastor in Meldorf, wo er am 08.09.1882 verstarb.

Anm.4. Ernst Versmann wurde am 14.06.1814 in Tönning geboren. Mit 25 Jahren wurde er ordiniert und am 02.08.1840 zum 3. Pastor in Itzehoe berufen. Am 24.04.1848 wurde er 2. Pastor und 13.06.1858 Hauptpastor und Propst in Itzehoe. Da er sich öffentlich zum Deutschtum bekannt hatte, wurde diese Berufung von der Regierung in Kopenhagen nicht bestätigt. Erst 1864 erfolgte die amtliche Bestätigung und die Ernennung zum Konsistorialrat in Kiel. Er war vor allem Prediger und Seelsorger, förderte aber auch die Mission und die Diakonie und gilt durch Zeitungsgründungen (Kirchen- und Schulblatt für Schleswig-Holstein und Sonntagsbote) als Wegbereiter der kirchlichen Presse. Er verstarb am 02.08.1873 in Itzehoe.

Anm.5. Die Schwestern Bertha und Charlotte Ross boten Pastor Schröder 1853 die Stiftung eines Altarbildes für die neue Kirche an. Es gibt im Archiv darüber einen längeren Briefwechsel. Der Maler Rudolf Nonnenkamp erhielt von ihnen den Auftrag. Später wird die Fertigstellung gemeldet; das Bild wurde auf meh-

reren Ausstellungen gezeigt und dann in den Altar der neuen Kirche eingefügt. Wahrscheinlich hat Bertha Ross das Bild kopiert. Pastor Nissen schreibt im Rechnungsbuch, Bertha habe das Altarbild selbst gemalt. Ich halte das für einen Irrtum, ich kann mir nicht vorstellen, das die Schwestern ohne Hinweis eine Kopie eingeliefert haben, auch wenn man damals eine unbefangenere Einstellung zu Originalen und Kopien hatte.

Anm.6. *Der Hufner Hinrich Schröder war der Bruder des Pastors Martin Schröder und der Onkel und Berater der Maria Thode.*

Die Borsflether Kirche

Michael Boldt

Die Kirche ist eine St. Urban-Kirche, was für unsere Breiten ungewöhnlich ist, denn St. Urban ist der Schutzheilige der Winzer. Hier heißen die Kirchen eher Petri- oder Nikolai-Kirche. St. Urban-Kirchen tauchen logischerweise erst vermehrt gen Süden auf. Vielleicht ist die Borsflether Kirche am Urbanstag, dem 25. Mai, eingeweiht worden.

Der ehemalige Borsflether Pastor Gerber schreibt in seinen Lebenserinnerungen über seinen Amtsantritt in Borsfleth 1878: „… weil ich nun doch als Pastor von Borsfleth für einen gemachten Mann galt. … Dann erhielt ich auch nicht bloß Gratulationen zu meiner Beförderung man condulierte mir auch. Die Borsflether Gemeinde stand im Rufe großer Unkirchlichkeit." Er geht später darauf noch genauer ein. Das wäre aber mehr was zum Thema „Dörfliches Brauchtum in den Elbmarschen Ende des 19. Jh."

Gerber war vorher Pastor in Klixbüll und hatte verwandtschaftliche Verbindungen nach Krempe und Glückstadt.

Allerdings beklagte er sich, da er noch an seinen Vorgänger (Schetelig 1799–1879) bis zu dessen Tod ⅓ seiner Einkünfte abgeben musste. Er hatte aber trotzdem noch mehr als vorher in Klixbüll und es war auch nur für ein Jahr.

Trotz zeitweiliger Notlagen und Verluste hieß die Borsflether Kirche bis in die Gegenwart hinein „Die Reiche" und war unter den Pastoren als reiche Pfründe bekannt. Ein altes Borsflether Sprichwort zielt in die gleiche Richtung: „De Paster predigt jeden Sünndag för een Morgen." Da der Krempermarsch-Morgen ungefähr 1 ha ist, lässt das auf eine Pfründe für den Pastor von rund 52 ha schließen, was ungefähr das Doppelte der ursprünglichen Krempermarschhufe ist.

Die mehrwöchige Einquartierung einer Gesandtschaft des russischen Zaren im Borsflether Pastorat um 1600 – sie hatte den dänischen König in Krempe verfehlt und musste auf die Bekanntgabe eines anderen Treffpunktes warten – lässt auf die ehemalige Bedeutung dieser Gemeinde und vielleicht auch auf Größe und Behaglichkeit seines Pastorates schließen.

Trotz Verluste durch Abbrüche an der Stör und Abgaben an Nachbargemeinden (Katzheide) gehören der Kirchengemeinde noch heute gut 60 ha, davon 44 ha Pfarrland und 14 ha Diakonatsland, die einst die 1882 eingegangene zweite Pfarrstelle, das Diakonat, trugen. Der Rest war der Schulstelle überlassen. Die Pachteinnahmen gehen jedoch heute bis auf 5% an den Kirchenkreis und fließen in das Pfarrvermögen. Wir sind also nicht mehr reicher und auf jeden Fall nicht mehr unchristlicher als andere.

Urkundlich als Kirchspiel erwähnt wird Borsfleth neben einigen anderen Marschkirchspielen zuerst 1307. Da es zu dieser Zeit schon als Kirchspiel aufgeführt wird, ist die Kirche mit Sicherheit älter. Auch das schlichte spätgotische Gesimse an der im Norden erhaltenen alten Mauer der Vorgängerkirche lässt vielleicht auf eine Bauzeit bis 1250 schließen. Nach örtlicher Überlieferung soll auch Abbruchmaterial des Ivenflether Klosters (ca. 1230–1256) verwendet worden sein, was zeitlich kaum noch möglich wäre und sich auch nicht nachweisen lässt. Ebenso soll der 1877 durch einen gotisierenden Neubau ersetzte Chor nach Professor Haupt gotisch gewesen sein. Der alte Chor war übrigens 4 m länger. Haupt war der erste Provinzialkonservator (Landeskonservator) in Schleswig-Holstein und hatte die Bau- und Kunstdenkmäler 1899 in Borsfleth und Neuenkirchen aufgenommen. Die nächste Überprüfung durch das Landesamt fand m.W. übrigens erst 1968 wieder statt.

Das Dorf wurde jedoch im 30-jährigen Krieg 1628 während der Belagerung der Festungen Krempe und Glückstadt mit Pastorat, Diakonat und Schulhaus völlig zerstört und von der Kirche blieben nur die oben erwähnten Reste. („... gänzlich ruinieret, also daß von dem Kirchengebäuw nur etzliche wenige Rudera (Reste) hinterblieben, übrige Kirchenhäuser aber gar in die Asche geleget" (Schröder)).

Im Februar 1628 machte der Verteidiger von Krempe, Jürgen von Ahlefeldt, noch einen Ausfall über Borsfleth nach Wewelsfleth. Dann aber setzten sich die Kaiserlichen im März in Borsfleth fest. Weitere Ausfälle, auch aus Glückstadt, brachten keine nennenswerten Erfolge mehr.

Der Befehlshaber des Belagerungsheeres vor Krempe, Feldmarschalleutnant Marquese Torquato Conti di Quadagnola – einer der Führer Wallensteins, schlug sein Hauptquartier in Borsfleth auf und ließ eine Schanze auf dem Friedhof aufwerfen, um den Schiffsverkehr auf der Krempau zu unterbinden. Ob Wallenstein selbst in Borsfleth war kann nicht mit Sicherheit beantwortet werden, ist aber anzunehmen, da er am Schlussabschnitt der Belagerung Krempes teilgenommen hat (Rode: Kriegsgeschichte Glückstadts).

Krempe kapitulierte am 14. November und nach der Allerheiligenflut am 17. November 1628 zog der Feind aus der Marsch und damit auch aus Borsfleth ab.

Vom Ingut aus dieser Zeit blieben zwei gotische vergoldete Silberkelche, vier gotische Messingleuchter und eine silberne Patene (Hostienschale) erhalten. Sie hatte wahrscheinlich der nach Hamburg geflohene Borsflether Pastor Hartwig Lange mitgenommen und somit gerettet.

Des weiteren blieben der Kirche der granitene Taufstein und die bronzene Stundenglocke von 1584 (Hans vam Damme/Hamburg) erhalten. Sie war bis zum Bau des Kirchturms (1900) in einem kleinen Dachreiter auf dem westlichen Teil. Sie überstand nicht nur den 30jährigen Krieg sondern auch den I. und den II. Weltkrieg, denn hier war sie beide Male schon als Rohstofflieferant für Kartuschen, Patronenhülsen und sonstiges Kriegsgerät vorgesehen. Die beiden 1669 im Glückstädter Gießhaus umgegossenen Glocken – sie waren zersprungen – hatten nicht das Glück und mussten 1917 abgeliefert werden. Der Stahlersatz blieb von 1921 bis 2009 und steht jetzt am Kircheneingang. Seitdem haben wir wieder Bronzeglocken.

Der granitene Taufstein (h 85 cm, dm oben 90 cm) war wohl für die Plünderer wertlos und zu schwer.

Der Taufstein ist sehr alt. Mit einem geschätzten Alter von über 1000 Jahren muss er von einer anderen Kirche gekommen sein und ist wohl das älteste Stück unserer Marsch. Der ehemalige Borsflether Pastor Kollenrott beschreibt es treffend im Steinburger Jahrbuch 1966: „Ihr (die Taufe) hohes Alter wird deutlich, wenn man mit der Hand über die äußere Rundung streift. Hier haben die Messgewänder der katholischen

 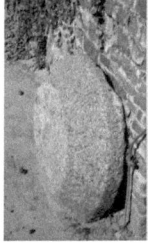 

Oben: Kirche heute von Südosten vom Kirchhof aufgenommen. Unten links: Borsflether Kirche Südseite mit Glockenstuhl, Diakonat, Dachreiter 1899. Unten mitte: Granitfuß. Unten rechts: Taufstein in der SO-Ecke des Schiffes.

Priester, die evangelischen Pastorentalare und die Kleider der Taufmütter in einem Jahrtausend den rauen Granit geglättet." Ich habe es überprüft, es stimmt. Zu sehen ist und war nur der obere Teil. Schon Haupt und Detlefsen vermuteten, dass noch ein Granitfuß darunter gewesen sein muss. Dieser Fuß ist inzwischen gefunden worden und zwar stand der Taufstein ursprünglich rechts zwischen Altar und Chorwand und wurde 1959 in das Kirchenschiff versetzt. Dabei entdeckte man tatsächlich im Boden den Granitfuß. Er lehnt heute beschädigt draußen an der Südwand. Es ist zu hoffen, dass er vielleicht noch einmal wieder in die Kirche zurückkommt.

Über den Borsflether Taufstein schreibt Haupt: „Im Weiteren ist die Forschung nach granitenen Taufsteinen in den übrigen Teilen unseres Gebietes ertraglos bis auf zwei Fälle. In der Marsch, zu Borsfleth an der Stör, steht ein granitener Taufstein von schöner ordentlicher Kelchgestalt, der einzige, der sich mit dem schleswigschen (mir ist noch nicht bekannt, welchen er meint) vergleichen läßt. Wir müssen mit der Sicherheit rechnen, daß er nicht am Orte „entstanden" sein kann, und daher mit der Möglichkeit, daß er irgendwoher, selbst aus dem Norden, eingeführt oder allermindestens in der Form von da aus beeinflußt ist. Es fehlt ihm dabei an Schmuck jeglicher Art, an architektonischer, pflanzlicher oder figürlicher Auszierung."

Bei der Einäscherung des Dorfes sind sämtliche alten Urkunden verbrannt. In der Nordwand soll ein wundertätiges Marienbild gewesen sein, das ebenfalls mit zerstört wurde (Haupt u.a.). Das Kirchen-Messal, in dem Landbesitz und Gerechtsame der Kirche verzeichnet sind, wurde neu angelegt, ging jedoch im so genannten ersten schwedischen Krieg (wahrscheinlich 1658) beim Brand des neu errichteten Pastorates wieder verloren („... daß neue Messal aber durch enstandene Feuersbrunst in der Pastorei bei ohnlengst vorigen schwedischen Krieges im Feuer aufgegangen."(Kirchenmessal)). Das heutige Messal stammt von 1670. Wahrscheinlich Zeuge dieser Zeit ist z.B. ein dreimal durchschossener Brustharnisch im Detlefsen-Museum in Glückstadt. Er wurde 1907 beim Bau der neuen Verlathschleuse gefunden. Des weiteren wurden Kanonen- und Kartätschenkugeln gefunden.

Unter Verwendung noch stehengebliebener Mauerreste, wie z.B. die schon erwähnte Nordwand, war die Kirche bis 1630 wieder aufgebaut.

Auf jeden Fall steht die heutige Kirche mit der Längsachse Ost-West noch auf derselben Stelle und denselben Fundamenten wie die erste Kirche, nämlich auf einer wahrscheinlich überschlickten Düne, die im Laufe der Jahrhunderte durch Erdarbeiten auf dem Kirchhof und an der Kirche ihre heutige Höhe von ca. 3,14 m über Normal-Null erreicht hat. Bei Ausschachtungsarbeiten für den Heizungskeller (1959) ist die alte

Links: Altarbild. Rechts: Ehemaliger Altaraufsatz.

Gruft unter dem Altarraum freigelegt worden. Dabei wurden Fragmente von Inschriften, 4 Särge und über 20 Skelette gefunden. Auch ist das trapezförmige Fundament teilweise sichtbar geworden. Es besteht nach Augenzeugenberichten aus in Sand eingeschwemmten Findlingen von einer „Mächtigkeit bis zu 2 m".

An der Nordwand hängt das ehemalige Altarbild. Die barocke Fassung des alten Altars war hochgradig verwurmt und zerbrach 1959 beim Versuch, sie auseinander zunehmen. Das Altarbild mit dem Eccehomo-Thema (Öl auf Leinen auf Holz gezogen 191 cm x 127 cm) wurde von Wehrmann 1966 restauriert und hängt jetzt an der Nordwand. Es war stark beschädigt und zum Teil übermalt. Auch heute braucht es dringend wieder eine Renovierung, um nicht ganz zum Totalschaden zu werden. Über den Altar schreibt Dr. Rudolf Zöllner - er war Kustos am Flensburger Museum - 1973 in seinem Artikel „Der Borsflether Altar von 1646 / Ein verlorenes Kunstwerk des Knorpelwerkstils" (Nordelbingen 42):

114

„1959 verschwand während einer Restaurierung aus der Kirche zu Borsfleth im Kreise Steinburg ein kleiner Altar von 1646, der es wohl Wert gewesen wäre, aus historischen und kunsthistorischen Gründen erhalten zu bleiben." Es folgt eine umfangreiche geschichtliche und kunsthistorische Betrachtung des ehemaligen Borsflether Altars. Zöllner bringt ihn in Verbindung mit dem Glückstädter Hofbildhauer Georg Kriebel, dem z.B. die Kanzel in Otterndorf, eine Kanzel für den Erzbischof von Bremen (Herzog Friedrich, ein Sohn Christian IV.) und die Taufe in der Thomaskirche in Leipzig zugeschrieben werden[1]. Obwohl man mit ziemlicher Sicherheit vermuten kann, dass Kriebel 1645 schon verstorben war, so – vermutete auch Zöllner – wird wohl sein Stil über seinen Tod hinaus in Glückstadt weitergewirkt haben.

Das leider nicht signierte Altarbild zeigt malerisch eine erstaunliche Qualität, die schon Schröder und Haupt auffiel. Schröder – Krempdorfer Jurist, Bauer und Schriftsteller, der sich mit der Geschichte der Kirchen und Prediger u.a. in unserer Marsch befasste (1837) – nennt „es gut gearbeitet" und Haupt nennt es „ausgezeichnet durch lebensvolle Auffassung und treffliche Ausführung". Der Maler kommt wahrscheinlich wie auch Kriebel aus dem Umfeld des königlichen Hofes in Glückstadt, den der Stifter des Borsflether Altars, der Steinburger Amtsverwalter Jakob Steinmann, sicherlich gut kannte, zumal er auch in Glückstadt wohnte.

Gerhard Köhn, der sich in seiner Arbeit „Die Bevölkerung der Gründungs-, Residenz-, Garnison- und Exulantenstadt Glückstadt von 1616–1652" (Materialband), Hamburg 1970, mit der Zusammensetzung der Glückstädter Einwohnerschaft in der fraglichen Zeit beschäftigt hat, kann 9 Bildhauer, 6 Steinhauer, 2 Kunstmaler und 6 Stukkateure bis 1652 nachweisen. Die Namen der Kunstmaler sind Bernd Sybrands, Maler aus Holland, und Casper Janke. Beide arbeiteten im Schloss und werden oft Konterfeier genannt. Da sich von diesen Malern keine Werke mehr nachweisen lassen, bleibt es auch ungewiss, ob vielleicht einer der beiden der Maler des Borsflether Altarbildes ist.

Auf dem Bild dargestellt ist die Schaustellung Christi durch Pilatus. die Szene ist auf drei Figuren (¾ Porträts) beschränkt, was im 16. und 17. Jh. durchaus üblich war. Ein Ecce homo Motiv in einer spanischen Kirche erlangte im letzten Jahr traurige Berühmtheit, als es von einer

---

1 *Siehe Krietzsch, S. 45ff.*

Amateurin restauriert wurde. Da beschränkte sich die Darstellung nur auf den Kopf Jesu.

Der leichenblass dargestellte Christus, der gekennzeichnet ist von der Misshandlung durch Geißelung, Dornenkrönung und Verspottung, steht in der Mitte. Er trägt den Spottmantel und das Spottzepter in den vor dem Körper gekreuzten und gebundenen Händen. Ein Strick ist ihm um den Hals geschlungen, dessen Enden ein Scherge in der Hand hält, der am linken Bildrand auftaucht. Er trägt ein dunkelgrünes Gewand mit einem gelben Kragen, dessen Umschlag rosa getönt ist und ein weißes Halstuch. Er beugt sich weit vor, um lauernd das Gesicht des von ihm Gequälten zu mustern. Dieser hässliche Folterknecht zieht die Aufmerksamkeit auf sich und lenkt den Blick weiter auf den duldenden Christus in der Mitte des Bildes. Sein Mantel ist silbergrau dargestellt. Auf der anderen Seite des Gemäldes seitlich hinter Christus steht Pilatus im kostbaren roten mit braunem Pelz besetzten Gewand. Er trägt einen silbergrauen Turban. Er zeigt auf Christus und erklärt der versammelten Menge, dass er keine Schuld an Christus finde und an ihr Mitleid appelliert: „Ecce homo" (Sehet, welch ein Mensch!). Das Bild von hoher malerischer Qualität ist nach einer Vorlage geschaffen worden. Zöllner hat sie durch Zufall entdeckt. Diese Vorlage war ein Kupferstich von Lukas Kilian (1579–1637) aus Augsburg.

Kilian wieder fertigte seine Stiche nach großen italienischen Meistern an. In diesem Falle nach einem Bild von Francesco Mazzola aus Parma (1503–1540), genannt Parmigianino, alte Bezeichnung Franciscus Parmesan („Franciscus Parmesan pinxit").

Das Original ist heute leider nicht mehr bekannt. Es war ein damals durchaus gängiges Verfahren, um Werke berühmter – meistens italienischer – Meister zu verbreiten und bekannt zu machen, bzw. Vorlagen für neue religiöse Bilder zu schaffen wie in diesem Fall. Hier hat auch der heute negativ besetzte Begriff „abkupfern" seinen Ursprung.

Nachdem das Dorf und die Kirche 1628 zerstört wurden, fand man bei einer Visitation 1646 die Kirche stark verschuldet vor. Jacob Steinmann – Steinburger Amtsverwalter von 1633 bis zu seinem Tode 1658 – half der Borsflether Kirche nicht nur durch Neuregelung ihrer Einkünfte sondern stiftete eben auch 1646 diesen Altar und kurz danach auch die Glocken. Seine Beziehung zu Borsfleth ist unklar. Er wurde übrigens

Oben links: Kupferstich von Lukas Kilian. Oben rechts: heutige Ansicht des Kirchenschiffes. Unten links: Kniebank. Unten rechts: Kanzel.

in der Kirche zu Neuenkirchen beigesetzt. Grund ist wahrscheinlich der, dass er als Oberbeamter von Bahrenfleth das Patronat über diese Kirche hatte (Halling). Das Gut gehörte bis 1661 dem dänischen König. Die Rüstungsteile an der Südwand der Neuenkirchener Kirche stammen von seinem Sohn Kapitän Jacob Steinmann, der 1674 in Holland fiel. Er besaß das Gut Bahrenfleth seit 1670.

Der Altar in seiner heutigen Form entstand 1959/60. Der Entwurf für das schlichte Eichenkreuz mit den Evangelisten-Symbolen in den Achswinkeln stammt von Hermann Wehrmann aus Glückstadt. Der naturfarbene Schafwollteppich unter dem Kreuz soll den durch die Renovierung entstandenen Nachhall mildern (kirchliche Gemeindechronik).

Im Altarraum befinden sich wieder zwei ehemals abgestellte Altarkniebänke mit Wangen in reicher Knorpelwerkschnitzerei. Sie wurden 1671 von Jochim und Margreta Schütte aus Hamburg gestiftet. Sie sind 1984 in Borsfleth wieder aufgearbeitet und neu gefasst worden.

Die geschnitzte Kanzel stammt von Jürgen Heitmann d. Ä. aus Wilster und wurde 1638 von der Familie Frens und Catrin Möller gestiftet. Die Wewelsflether Kanzel wurde auch von ihm gefertigt und 1610 von der Wewelsflether Witwe Wibke Vogt, der Mutter von Catrin Möller, gestiftet. Die Möllers scheinen damals zu den recht wohlhabenden Borsflethern gehört zu haben, da sie sich stark am Wiederaufbau der Kirche beteiligten. Auch an einer Kirchenbank ist der Name Marten Möller (1654) eingeschnitzt. Er wird auch in der Stiftungsinschrift der Kanzel als Sohn genannt.

Die fünf Relieffelder der Kanzel geben das Christusgeschehen wieder und tragen folgende Inschriften:

I	DE BARCHGANG	*Heimsuchung / Maria ging zu ihrer Freundin Elisabeth (Johannes Mutter) ins Gebirge (Luk. 1, 39)*
II	DE BADESCHVP	*Verkündigung Mariae / Die Botschaft*
III	DE GEBORT	*Christi Geburt*
IV	DAT LIDEN CHRISTI	*Kreuzigung / Das Leiden Christi*
V	DE VPERSTANDINGE	*Auferstehung*

Die über den oberen und unteren Rand der Kanzel laufende Stiftungsinschrift lautet:

ANNO 1638 HEFT DER EHRBAR FRENS MÖLLER VNDE SINE HUSFRVWE CATRIN MÖLLERS DE SOEN MARTEN MÖLLER DE DOCHTER SILCK MÖLLERS DISEN PRE-

DICH. STOL DER KERKEN THOM SIRRADT DER GEMENDT
THOM BESTEN VORERDT VNDT VORFARDIGER LATEN

(Anno 1638 haben der ehrbare Franz Möller und seine Hausfrau Catrin Möller, der Sohn Marten Möller, die Tochter Silke Möller diesen
Predigtstuhl der Kirche zur Zierde (Zierrat), der Gemeinde zum Besten
verehrt und fertigen lassen.)

Der Schalldeckel der Kanzel trägt in plattdeutscher Sprache den Bibel-
vers Johannes 3 Vers 16:

... WELDT GELEVET DAT HE SIN EINIGEN SOEN GAF UP
DAT AL DE AN EN GELOVEN NICHT VORLAREE WERDEN
(wahrscheinlich „Schnitzfehler": VORLAREN wäre richtig)

(Also hat Gott die... Welt geliebt, daß er seinen einzigen Sohn gab auf
das alle die an ihn glauben nicht verloren (sind) werden, sondern das
ewige Leben haben.)

Man kann annehmen, dass der heutige Zustand, d.h. ohne Farbe und
nur vergoldete Buchstaben, dem ursprünglichen Zustand entspricht,
denn nach Schröder war die Kanzel bereits 1837 ohne Malerei und Ver-
goldung. Die Buchstaben sind wahrscheinlich 1877 vergoldet worden.

An der rechten Seite des Chores befand sich bis 1959 ein hölzerner
Nebenraum mit einer Tür (Pastoratsstuhl), die wahrscheinlich vorher
einmal die Aufgangstür zur Kanzel war. Sie trug die Aufschrift: IVR-
GEN HEIT. MAN . FECIT. (Jürgen Heitmann hat (dies) gemacht). Sie
ist leider verschollen. In der Festschrift zum Heimattag der Marsch am
27.07.1930 in Borsfleth ist ebenfalls ein Foto dieser Tür zu sehen. Ein
weiteres gibt es von 1899. Die Veränderungen in der Anbringung der
Kanzel, bei denen dann auch die Tür beseitigt und für den Nebenraum
genutzt wurde, müssen 1877 bei dem Bau des neuen Chores passiert
sein. Heitmanns Meisterzeichen:⌂

Einer der ganz großen Holzschnitzer war Heitmann sicherlich nicht.
Der Lehrer und Heitmann-Forscher aus Averlak, Wilhelm Johnsen, der
sich in den 1930er Jahren mit Heitmann befasste, schließt seine Betrachtungen über das Leben Jürgen Heitmanns (um 1580–1645) mit
den Worten: „Heitmann konnte nicht zu einem künstlerischen Genius

Oben links: Kirchenschiff (goldene Konfirmation) 1927. Oben rechts: Epitaph Sommer. Unten: Seitenwangen des Kirchengestühls: Von links nach rechts: Älteste von 1637, Frauenseite, Männerseite.

erhoben werden. Dazu reichte es nun einmal nicht." Er war eben – so die alte Berufsbezeichnung – Schnittgermeister, d.h. er war ein kunstfertiger Handwerksmeister; heute würde man vielleicht Kunsttischler sagen. Von ihm sind sechs weitere Kanzeln erhalten und zwar die schon oben erwähnte in Wewelsfleth und weitere in Delve, Barlt, Burg/Dithmarschen, Erfte und Schenefeld. Hier stammt auch der Taufengel von ihm. Des weiteren gibt es noch Altäre in St. Michaelisdonn, St. Margarethen und auch in Schenefeld und erhalten sind auch noch verschiedene Inventarstücke und Truhen in Privatbesitz und Museen.

Einer seiner vier bekannten Söhne, nämlich Peter Heitmann, wurde übrigens 1649 als königlicher Bildhauer in Glückstadt Nachfolger von Hofbildhauer Jürgen Kriebel (Zöllner).

Auf der Kanzel ist noch ein reich verzierter, schmiedeeiserner Halter für eine Sanduhr von 1738 mit folgenden Zeichen: ELM. ALM. 1738. Vielleicht lässt das auch auf eine Stiftung der Familie Möller (M) schließen? Vielleicht haben der damalige Pastor Rickers und / oder der Diakon Würger bei der Predigt immer „überzogen"? Die eigentliche Uhr, das sandgefüllte Glas, fehlt leider.

Bei den Schnitzereien an den Seitenwangen des Gestühls (Schuppenfriese mit Monogrammen und Hausmarken) handelt es sich wohl eher – auch nach Kollenrotts Meinung – um einfache, in der Ausführung auch qualitativ stark unterschiedliche Bauernschnitzerei. Andere glauben jedoch auch hier eine Heitmannsche Arbeit zu sehen (Wibalck in Nordelbingen Bd.1 1923). Die älteste Hausmarke am geschnitzten Gestühl mit Türen stammt übrigens von 1637 („Markes Magens Anno 1637").

1934 wurde anlässlich des in Borsfleth stattfindenden Propstei-Kirchentages das linke Gestühl (Frauenseite) durch Schrägstellung der Rückenlehnen und Verbreiterung der Sitzflächen verbessert und bequemer gemacht. Ebenso wurde die Beleuchtung für die Abendvorträge erweitert.

An der Südwand hängt das Epitaph Sommer, ein Geschenk der Familie Sommer aus dem Jahre 1690. Johann I und Anna Sommer lebten auf dem Hof Eltersdorf Nr. 3 (Grav. Nr. 150), heutiger Besitzer Gerd Gravert. Von dieser Familie stammt auch der eine Grabstein am Zugang zur Kirche (Johann II Sommer, Sohn von Johann I und Anna).

Das Gemälde Öl auf Holz (114 cm x 72 cm) stellt die Kreuzigung Christi dar. Die Kriegsknechte werfen das Los um sein Gewand, einer gibt Jesus den Essig und ein Pharisäer verspottet ihn. Das ist die Figur am linken Rand, die interessanterweise zum gekreuzigten Christus das auch heute noch bekannte „Ätsch-Zeichen" macht.

Unter dem Kreuz sind Johannes und Maria. Signiert ist es mit ‚Gezeichnet M. Helbig. A. Helbig'. Es wurde 1982 von Rosamunde Plambeck in Emkendorf restauriert.

Die Kunsttopographie Schleswig-Holsteins beschreibt es als „vielfigurige Kreuzigung vor Stadt, von gedrehten Säulen (erneuert) flankiert,

Links: „Ätsch"-Szene. Rechts: Klüverbild.

mit Seitenwangen, Aufsatz und Unterhang in Knorpel- und Blattwerk."
Auch Haupt bezeichnete es als „höchst wirksam, in hell-dunkler Beleuchtung, mit sehr vielen Gestalten, prächtigen Kostümen, schönen
Architekturen" und von „sorgsamer Ausführung" aber zu seiner Zeit
(1925) noch „durch abscheuliche Übermalung ganz entstellt".

Im Detlefsenmuseum in Glückstadt sind zwei weitere Stücke aus der
Borsflether Kirche, die vom selben Künstler stammen. Baumeister Pe-
ters hat die beiden Fragmente 1877 bei der Umgestaltung des Chores
geborgen und sie 1894 an Professor Detlefsen für das von ihm gegrün-
dete Museum übergeben. Es sind ein Türaufsatz und ein Bogenstück,
die gegen Ende des 17. Jahrhunderts aus Pappelholz geschnitzt wurden.
Sie wurden 1985 umfassend restauriert. Zur kunstgeschichtlichen Ein-
ordnung wurde vom Landesamt für Denkmalpflege mitgeteilt (Glückstädter Fortuna vom 29.05.1985), dass der Bogen und das fragmenta-

risch erhaltene Stück mit der Kartusche in der Mitte zwar von einer Hand stammen, aber nicht direkt zusammen gehören. Eine Verbindung beider Teile lässt sich nicht herstellen, auch ist der Zweck dieser Teile völlig unklar. Sie können zu einem Epitaph gehört haben oder zu einem Türaufsatz.

Ebenfalls an der Südwand, rechts neben dem Epitaph, hängt ein in Öl auf Holz gemaltes Dreiviertelporträt des Pastors Michael Clüver. Er wurde 1659 wahrscheinlich in Krempe geboren. Hier war sein Vater Bürgermeister. Sein Großvater war der erste Priester in dem neugegründeten Glückstadt (auf dem Bild vermerkt). Michael Clüver war seid dem 4. Advent 1693 bis zu seinem Tode am 8. Mai 1727 Diakon in Borsfleth. Sein Grabstein (Sandstein Höhe 170 cm) steht noch in der Kirche neben dem Altar an der Südwand des Chores und ist leicht beschädigt. Er zeigt das Relief des Verstorbenen mit zwei kleinen Musikengeln. Ein eisernes Kruzifix, das sich auf der Spitze des Grabsteines befand, ist abgebrochen. In der Festschrift zum Heimattag 1930 ist dieser Grabstein noch mit dem Kruzifix zu sehen. Haupt nennt ihn unschön aber charakteristisch mit einem guten metallenen Kruzifix. Das Bild wurde 1723 gefertigt. Anlass war wahrscheinlich das 30. Dienstjubiläum, wie auf dem Bild auch angedeutet („... seines jetzigen Ampts 30 Jahr, Alters 64 ..."). Der Maler ist unbekannt. Haupt bezeichnet das Bild als schwach.

Clüver soll sehr streitsüchtig gewesen sein und viele Prozesse wegen angeblich vermissten Kirchenlandes geführt haben. Obwohl er noch einige andere Eigenheiten hatte, er pflegte zum Beispiel während der Predigt und auch beim Segensspruch zu sitzen, was er jedoch 1704 versprach nicht mehr zu tun, muss er gemäß Inschrift noch „ein Vorbild dieser Herde" geworden sein. Seine Gemeinde hätte ihn wohl sonst kaum durch Bild und Grabstein in der Kirche verewigt. Clüver ist wahrscheinlich auch noch in der Kirche beigesetzt worden.

Zu erwähnen ist noch die Orgel, die 1856 von der Firma Marcussen aus Apenrade gebaut wurde und heute genauso renovierungsbedürftig ist wie die Glückstädter.

1900 erhielt die Kirche dann mit dem Anbau des neugotischen Turmes ungefähr ihr heutiges Aussehen. Im Dorf erzählt man sich, dass die Borsflether ihren Turm höher als den Neuenbrooker bauten. Worauf die Neuenbrooker ihren Wetterhahn auf eine höhere Stange setzten!

Es wurde in den 1960er Jahren links vom Eingang noch eine Leichenhalle angebaut, die heute als Abstellraum dient.

Literatur

Festschrift zum Heimattag der Marsch in Borsfleth am 27.07.1930.

Glückstädter Fortuna 29.05.1985.

Halling, A.: Schloß und Amt Steinburg und seine Amtmänner Glückstadt 1911.

Haupt, R.: Die Bau-und Kunstdenkmäler in der Provinz Schleswig-Holstein Heide 1925 Band 6.

Inventarium der Kirche zu Borsfleth 9. Juni 1768.

Johnsen, W.: Meister Jürgen Heitmann der Ältere in Wilster Verlag Johann Schwarck, Wilster 1938.

Kirchen-Messal zu Borsfleth ab 1670.

Kirchliche Gemeindechronik Borsfleths ab 1896.

Kollenrott, W.: Borsfleth, schönes Dorf des Kreises Steinburg in Steinbg Jahrbuch 1966.

Kollenrott, W.: Altes Kirchspiel im Zeitenspiegel in „Norddeutsche Rundschau" vom 16.12.1961.

Kunst-Topographie Schleswig-Holstein, Wachholtz 1969.

Lohse, H.: Mit seinem Latein zu Ende in Steinburger Jahrbuch 1965.

Lorenzen-Schmidt: Geschichte des Kirchspiels Borsfleth, Hamburg 1987.

Nitzsche, H.: Aufzeichnungen „Die Kirche" Manuskript (Sammlung) im Gemeindearchiv.

Ökumenischer Kirchenführer für den Kreis Steinburg, Itzehoe 1992.

Rode, F.C.: Kriegsgeschichte der Festung Glückstadt Band 1 Glückstadt 1940.

Schröder, H.: Versuch einer Geschichte des Münsterdorfischen Consistoriums im Herzogthume Holstein. Zweite Lieferung: Geschichte der Kirchen und Prediger zu Beydenfleth, Borsfleth usw. Altona 1837.

Stork, K.: Jürgen Kriebel, Hofbildhauer zu Glückstadt in Nordelbingen Band 23.

Timm, Cl.: Berichte und Erzählungen alter Leute, Eltern und Großeltern Zusammenstellung 1952 Gemeindearchiv.

Wibalck, R.: Jürgen Heitmann der Ältere und der Jüngere, zwei Bildschnitzer aus Wilster in Nordelbingen Band 1.

Zöllner, R.: Der Borsflether Altar von 1646 in Nordelbingen Band 42.

Abbildungsnachweis

Landesamt für Denkmalpflege Schleswig-Holstein: Bild 2 und 5.
Rijksmuseum Amsterdam: Bild 6.

Kirchspiel und Herrschaft Herzhorn in vorreformatorischer Zeit[1]

Joachim Stüben

Es soll mit dem Folgenden der Versuch unternommen werden, einige Lichtstrahlen in das Dunkel der mittelalterlichen Geschichte Herzhorns zu werfen. Die Darstellung endet – von einigen unvermeidlichen Vorgriffen abgesehen – mit 1542, dem Jahr der Einführung der Reformation in den Herzogtümern Schleswig und Holstein. Zwar wurde die lutherische Lehre in der damals zur Grafschaft Holstein-Pinneberg gehörigen Herrschaft Herzhorn erst 1561 verbindlich, doch wäre der Vortrag bei einer Berücksichtigung des Zeitraums bis dorthin zu lang und die Druckfassung zu umfänglich geworden.

I

Wir befinden uns im düsteren Jahr 1350 nach Christi Geburt. Die Pest sucht Europa heim und verschont auch die Elbmarschen nicht. Es ist nicht viel, das wir über die Auswirkungen der damaligen Seuche wissen, doch wenn Wilhelm Ehlers (1877–1962) in seiner Herzhorner Chronik behauptet, genaue Nachrichten darüber würden fehlen,[2] dann ist das nicht die ganze Wahrheit. In Krempe stiften im Herbst des besagten Jah-

---

1   *Der nachfolgende Aufsatz beruht auf einem am 7. März 2013 in Glückstadt gehaltenen Vortrag, der für die gedruckte Version leicht überarbeitet und um einige sachdienliche Details ergänzt wurde.*

2   *Wilhelm Ehlers, Herzhorn. Die Geschichte des Kirchspiels und der Herrschaft Herzhorn. 2. Aufl. Glückstadt 2011, S. 43.*

res einige Gemeindemitglieder ihrem zweiten Pfarrer – man nennt so einen Geistlichen auch Vizerektor – Johannes Bucholt (aus Lütjensee)[3] eine dauernde Einkunftsstelle (fachsprachlich Vikarie genannt) in der Kremper Petrikirche. Laut der Bestätigungsurkunde des Hamburger Dompropstes Erich von Schauenburg († 1350/51) vom 21. 11. 1350[4] geschieht die Übertragung als Anerkennung seiner Verdienste, die er sich erworben hat, als er zur Zeit der Pest anders als die übrigen Priester, die geflohen waren, auf seinem Posten verharrte und seine Amtspflichten treu erfüllte.[5] Dem vorangegangenen Antragsschreiben vom 29. 9. 1350 lässt sich entnehmen, dass der Pfarrer Bucholt in Krempe schon seit Jahren einen lauteren Lebenswandel geführt und während der Epidemie unter Todesgefahr Krankenbesuche gemacht habe, so dass sein Dienst und seine Aufrichtigkeit angemessen belohnt werden müssten.[6] Wir erfahren aus demselben Schriftstück außerdem, dass „deswegen viele fromme Männer und Frauen … unserer Stadt, von denen einige noch leben, viele aber bereits verstorben sind, indem sie aus ihren Gütern milde Gaben stifteten, Einkünfte von 18 Mark, die in … Stadtnähe angesiedelt sind, für die Einrichtung einer Dauervikarie in der … Kirche und deren Übertragung an eben den Herrn Johannes geschaffen und bestimmt haben."[7] Johannes Bucholt und seine Nachfolger sollen dafür am Altar des hl. Petrus (also doch wohl am Hauptalter) täglich die Mes-

---

3 Bucholt wirkte am 24. 5. 1349 bei einer Streitschlichtung in der Kirche zu Wilster mit (SHRU 4, 369). Vgl. Necrologium Capituli Hamburgensis. Hrsg. v. Karl Koppmann, in: ZHG 6 (1875), S. 21–183; dort S. 172 (Register).

4 Helge Bei der Wieden, Schaumburgische Genealogie. Stammtafeln der Grafen von Holstein und Schaumburg – auch Herzöge von Schleswig – bis zu ihrem Aussterben 1640. 2. Aufl. Melle 1999, S. 93–94. Das falsche, der diplomatischen Überlieferung widersprechende Todesjahr 1348 findet sich u.a. bei Bernard Vonderlage, Das hamburgische Domkapitel in seiner persönlichen Zusammensetzung bis zur Einführung der Reformation. Hamburg 1924, S. 104.

5 SHRU 4, 456 (S. 307); Franz Michaelsen, Die Kirche zu Krempe bis zum Beginn der Reformation, in: SVSHKG II, 13 (1955), S. 1–29; dort S. 3.

6 SHRU 4, 446 (S. 300).

7 SHRU 4, 446 (S. 300–301): Qua propter multi devoti viri ac mulieres … nostri opidi, quorum aliqui adhuc supersunt, multi autem iam defuncti, de bonis suis elemosinas facientes comparaverunt et assignaverunt decem et octo marcarum

se feiern, den Kirchherrn bei sakramentalen Handlungen unterstützen und diesem sämtliche dargebrachten Oblationen abliefern.[8] Stellt man in Rechnung, dass die Pest im Hochsommer 1350 Krempe erreichte,[9] grassierte sie, wie man aus den Formulierungen in der Urkunde folgern darf, Ende September noch, war aber Ende November zumindest schon abgeflaut. Tragisch war, dass viele – offenbar die Mehrzahl – der dankbaren Stifterinnen und Stifter der Vikarie für den zweiten Pfarrer in Krempe Ende September 1350 schon der Seuche zum Opfer gefallen waren. Daher lässt sich davon ausgehen, dass die Pest in Krempe einige Monate wütete, was zu vielen analogen Befunden passt.[10] So dauerte eine Pestepidemie in Hamburg 1521 nach Adam Tratziger († 1584) von Jacobi ... bis auf Nicolai, also vom 25. Juli bis zum 6. Dezember.[11]

Warum leite ich einen Vortrag über Herzhorn so ein? Die von natürlichen Wasserabläufen geprägte Kremper- und Kollmarmarsch (gelegen zwischen Elbe, Stör, Krückau und der östlich anstoßenden Geest) war die letzte der Elbmarschen, die flächig erschlossen und besiedelt wurde. Die Urbarmachung und planmäßige Besiedlung begann um 1200, zog sich aber infolge der schwierigen naturräumlichen Verhältnisse bis ins 14. Jahrhundert hin.[12] Der dortige Mittelpunktort Krempe muss bald

---

redditus iuxta ... opidum sitos ad perpetuam vicariam in ... ecclesia instaurandam et ipsi domino Iohanni conferendam.

8   *SHRU 4, 527 (18. 3. 1352).*

9   *Peter Vollmers, Die Hamburger Pfarreien im Mittelalter. Die Parochialorganisation der Hansestadt bis zur Reformation. Hamburg 2005, S. 336–337.*

10 *Vgl. dazu Jürgen Hartwig Ibs, Die Pest in Schleswig-Holstein von 1350 bis 1547/48. Eine sozialgeschichtliche Studie über eine wiederkehrende Katastrophe. Frankfurt am Main 1994, S. 95.*

11 *Zitiert nach Ibs, Pest, S. 125.*

12 *Marianne Hofmann, Die Anfänge der Städte Itzehoe, Wilster und Krempe. Tl. 2, in: ZSHG 84 (1960), S. 19–92; dort S. 49–51; Klaus-Joachim Lorenzen-Schmidt, Geschichte des Kirchspiels Borsfleth. Borsfleth 1987, S. 12; Enno Bünz, Die Besiedlung der holsteinischen Elbmarschen im 12. und 13. Jahrhundert, in: Jb. Pinneberg 1994, S. 5–33, dort S. 26 u. 29; Klaus-Joachim Lorenzen-Schmidt, Ein kurzer Gang durch die Geschichte Herzhorns, in: 650 Jahre Herzhorn. Mosaiksteine zur Geschichte des Orts. Hrsg. vom Chronik- und Heimatverein für*

nach 1200 gegründet[13] und irgendwann zwischen 1250 und 1300 zur Stadt erhoben worden sein,[14] jedenfalls nicht schon 1234. Das Letztere behauptet Wilhelm Ehlers (1877–1962). Dabei hat er offenbar das Gründungsprivileg des Klosters Uetersen vor Augen, in dem aber nur der Ortsname crimpa (für Krempdorf?) vorkommt.[15] Ein Bericht über die Gründung des Klosters Uetersen bezeichnet Krempe zwar als opidum (Stadt), doch entstand diese sogenannte fundatio nicht vor ca. 1270 – eher später.[16] Eine rückschauende Bestätigung der Bewidmung mit lübischem Recht ist aus dem Jahre 1320 überliefert.[17] Eine Pfarrkirche gab es indessen in Krempe schon um 1235,[18] so dass man davon ausgehen darf, dass Krempe der älteste Pfarrort der gleichnamigen Marsch ist, die zum ersten Mal 1312 mit dem Namen palus Crimpen belegt ist.[19]

Landesherr der Krempermarsch war zu jener Pestzeit um 1350 Johann III. von Holstein-Plön († 1359), und dieser Schauenburger Graf ist es auch, dem Herzhorn seine erste urkundliche Erwähnung verdankt. Wenn zutrifft, dass die Stadt Hamburg damals ein Drittel ihrer Bevölkerung verlor,[20] dann darf man die Auswirkungen in den Elbmarschen auch auf wirtschaftlicher Ebene nicht gering ansetzen. Der Kellinghuser Pastor Christian Kuß (1769–1853) liefert im Anschluss an ältere Chronisten eine anschauliche Schilderung: „Nicht nur Häuser, sondern ganze Dörfer waren ausgestorben, von welchen viele nicht wieder erbaut

die Gemeinden Engelbrechtsche Wildnis und Herzhorn. Bd. 1. Itzehoe 2004, S. 7–17; dort S. 8.

13 *Vgl. SHRU 1, 561 (1237).*

14 *Hermann Ruhe, Chronik der Stadt Krempe. Glückstadt, Hamburg, New York 1938, S. 33; Klaus-Joachim Lorenzen-Schmidt, Krempe, in: Schleswig-Holstein-Lexikon. Hrsg. v. Klaus-Joachim Lorenzen-Schmidt u. Ortwin Pelc. 2. Aufl. Neumünster 2006, S. 331.*

15 *SHRU 1, 525; Ehlers, Herzhorn 2011, S. 37, 44; Das Kremper Stadtbuch 1488-1602. Hrsg. v. Klaus-Joachim Lorenzen-Schmidt. Kiel 1998, S. 8.*

16 *SHRU 1, 608 (S. 274).*

17 *SHRU 3, 416 (25. 5. 1320).*

18 *SHRU 1, 608 (ca. 1300, nicht 1240, rückschauend auf 1235–1237).*

19 *SHRU 3, 249 (12. 3. 1312). Bünz, Besiedlung, S. 26, gibt 1319 an (?).*

20 *Vollmers, Hamburger Pfarreien, S. 337.*

worden sind, und die dazu gehörenden Ländereyen haben sich in Heide und Hölzungen verwandelt."[21]

Aufgrund differenzierter wirtschafts- und sozialgeschichtlicher Forschungen in den letzten Jahrzehnten lassen sich zu diesen Folgen sehr viel genauere Angaben machen. So hatte etwa der Pestumzug, der Europa um 1450 heimsuchte, in Wewelsfleth nachhaltige ökonomische Folgen für die Versorgung des Pfarrers. Ein Teil des Ackerlandes, dessen Erträge ihm zustanden, konnte nämlich infolge von Bevölkerungsverlusten und Abwanderung nicht mehr bewirtschaftet werden.[22] Wir stoßen also auch in einem volkreichen Marschkirchspiel wie Wewelsfleth auf das Phänomen des Bauernmangels.

Die Marschkirchspiele waren im Vergleich zu den Geestkirchspielen kleinflächig,[23] und so verwundert es zunächst, wenn wir aus einer zuverlässigen Urkunde, die Johann III. von Holstein-Plön und sein Sohn Adolf IX. († 1390) 1354 ausstellen ließen, Folgendes erfahren: Beide gründen als frommes Werk um ihres und ihrer Angehörigen Seelenheils willen eine Pfarrkirche auf einer Insel, die im Niederdeutschen Nygenlande heißt. Diese Insel liegt auf dem Grenzgebiet der Dörfer Kodik[24] und Kamerlande.[25] Das Gotteshaus soll der Jungfrau Maria und dem Apostel Bartolomäus geweiht sein. Zur Ausstattung der Pfarrstelle sollen dreißig Morgen Landes zwischen der Muggesborch und dem Dorf Herteshorne bei der Kamerwetterynghe gehören. Ausdrücklich stellen der Graf und sein „Kronprinz"(domicellus) den künftigen Pfar-

---

21 Christian Kuß, Jahrbuch denkwürdiger Naturereignisse in den Herzogthümern Schleswig und Holstein vom eilften bis zum neunzehnten Jahrhundert. Tl. 1. Altona 1825, S. 29.

22 Ibs, Pest in Schleswig-Holstein, S. 191–193 (auch in kritischer Auseinandersetzung mit Detlef Detlefsen).

23 Bünz, Besiedlung, S. 27–28, Karte 8 u. 9.

24 Nach Johann Martin Lappenberg, Die Stadt Nyestad an der Elbe, in: ZSHG 2 (1847), S. 611–619; dort S. 613, u. Gustav Apel, Die Güterverhältnisse des hamburgischen Domkapitels. Hamburg 1934, S. 171, lag Kodik im Kirchspiel Asfleth (später Kollmar). Vgl. SHRU 6, 744 (22. 2. 1388); 750 (29. 3. 1388); 755 (4. 4. 1388); 1072 (16. 4. 1393); 1103 (1393).

25 Nach Lappenberg, Stadt Nyestad, S. 613, damals zum Kirchspiel Süderau gehörig. Vgl. SHRU 6, 1065 (25. 2. 1393).

rer den Kirchherren der Nachbargemeinden Bole, Süderau und Neu-
enbrook gleich, verleihen sich unter ausdrücklicher Anerkennung der
geistlichen Jurisdiktion des Hamburger Dompropstes den Patronat.[26]
Es geht jetzt nicht um eine genaue Bestimmung all dieser Ortsnamen.[27]
Wichtig ist zunächst einzig, was Detlef Detlefsen (1833–1911) feststellt:
„Herteshorne entspricht dem jetzigen Herzhorn ..."[28]

Bei dieser Gelegenheit ein paar Worte zur Herkunft der Ortsbezeichnung: Nach Wolfgang Laur bedeutet sie „Hirschwinkel."[29] Ehlers weist
die ätiologische Legende – er spricht von einer „Fabel" –, Herzhorn habe
seinen Namen von einem beim Deichbau gefundenen „Hirschhorn" gefunden, zurück. Darin ist ihm zuzustimmen. Trotzdem überzeugt nicht,
wenn Ehlers hinzufügt, die Deutung Herzhorns als „Hirschecke" sei
eine sekundäre, aus jener Volksetymologie abgeleitete Umdeutung.[30]
Völlige Gewissheit über den Ursprung gibt es allerdings nicht.

Zurück zu der Pfarrkirche auf dem Nygenlande: Was bezweckten nun
Johann III. und Adolf IX., sieht man vom religiösen Aspekt ab, mit der
Gründung eines zusätzlichen Kirchspiels in einem an sich dicht organi-
sierten Gebiet? Vergegenwärtigt man sich die weitere Entwicklung des
Ortes, der bald Nygenstade bi de elve heißen sollte und zuweilen auch
als Grevenkroch bezeichnet wurde, beabsichtigten sie wohl, einen Han-
delsplatz unmittelbar an der Elbe zu gründen und (so jedenfalls meine
Vermutung) der durch die Pest und vielleicht eine zeitnahe Sturmflut[31]

---

26 SHRU 4, 630 (15. 11. 1354); schon in Transkription bei Lappenberg, Stadt Nyestad, S. 612–613.

27 Detlef Detlefsen, Geschichte des Kirchspiels Herzhorn, zugleich ein Beitrag zur
Kenntnis des ,hollischen' Rechts, in: ZSHG 33 (1903), S. 1–112; dort S. 6–7;
Ehlers, Herzhorn 2011, S. 44.

28 Detlef Detlefsen, Geschichte der holsteinischen Elbmarschen. Bd. 1. Glückstadt:
Selbstverlag des Verfassers, 1891, S. 205. Lappenberg, Stadt Nyestad, S. 614,
lokalisiert Muggesborch und Hartesborne im Gebiet des damaligen Nygenlande.

29 Wolfgang Laur, Historisches Ortsnamenlexikon von Schleswig-Holstein. 2. Aufl.
Neumünster 1992, S. 327, Sp. 2.

30 Ehlers, Herzhorn 2011, S. 50.

31 Die Bezeugung in den Quellen ist allerdings mit Ungewissheiten behaftet, siehe
dazu Kuß, Jahrbuch denkwürdiger Naturereignisse 1, S. 30–31.

geschwächten und entvölkerten Krempermarsch zu einem wirtschaftlichen Aufschwung zu verhelfen.

Dabei hatten die Grafen es auch auf Zuwanderung abgesehen. Diese mutmaßlich aus einem besonderen Umstand abzuleitende Zweckbestimmung würde auch das vergleichsweise späte Gründungsdatum erklären: „Im nordelbischen Teil des Erzbistums Hamburg-Bremen (Holstein, Stormarn, Dithmarschen) entstanden ... nach der Mitte des 14. Jahrhunderts nur noch ganz vereinzelt neue Pfarreien."[32]

Betrachtet man die damaligen Gebietsanteile der Plöner Linie, so erkennt man sofort, dass nördlich der Handelsmetropole Hamburg nur auf der Linie Borsfleth – Bole – Herzhorn – Asfleth (später Kollmar) Kontakt zur Elbe bestand.[33] Asfleth gehörte (wie das benachbarte Langenbrook) schon zur Vogtei Haseldorf.[34] Das Kirchspiel Bole lag 1317 wüst,[35] muss somit irgendwann vor dem 15. 11. 1354 wiederhergestellt worden sein.

Bevor wir diesen Gedanken weiterverfolgen, noch ein paar Worte zu den Schutzheiligen: Die Jungfrau Maria war eine bei den Schauenburgern beliebte Schirmherrin, wie sich dem Chronicon Holtzatiae von 1448 entnehmen lässt.[36] Es gab den Hamburger Mariendom und in Holstein mehrere Marienkirchen, z.B. in Heiligenstedten, Itzehoe oder

---

32 Enno Bünz, Die Bauen und ihre Kirche. Zum Bauboom auf dem Land um 1500, in: Adel und Bauen in der Gesellschaft des Mittelalter. Hrsg. v. Carola Frey u. Steffen Krieb. Korb 2012, S. 223–248; dort S. 229.

33 Detlev Kraack, Die frühen Schauenburger als Grafen von Holstein und Stormarn (12.–14. Jahrhundert), in: Die Fürsten des Landes. Herzöge und Grafen von Schleswig, Holstein und Lauenburg. Hrsg. v. Carsten Porskrog Rasmussen, Elke Imberger, Dieter Lohmeier, Ingwer Momsen. Neumünster 2008, S. 28–51; dort S. 42 (Abb.).

34 Andreas Ludwig Jacob Michelsen, Die Haseldorfer Marsch im Mittelalter, in: Archiv für Staats- und Kirchengeschichte der Herzogthümer Schleswig, Holstein, Lauenburg und der angrenzenden Länder und Städte 1 (1833), S. 1–86; dort S. 23–24.

35 StA HH, Rentebuch St. Nikolai, 1317, Nr. 4. Für diesen Hinweis bedanke ich mich bei Klaus-Joachim Lorenzen-Schmidt, Glückstadt.

36 Presbyterus Bremensis, Chronicon Holtzatiae, cap. XIX. Hrsg. v. Johann Martin Lappenberg. Kiel 1862 (QuSHLG 1), S. 55–58.

Rendsburg. Bei Bartolomäus denkt man gleich an die Pfarrkirche zu Wilster.[37] Angesichts dieser Kombination ist aber auch an das Kloster Uetersen zu denken, das die Gottesmutter als Haupt- und Bartolomäus als ein Nebenpatrozinium hatte.[38] Johann III. und Adolf IX. verkauften 1353 den geystliken luden, deme proveste unde de prioren unde dem ganzen convente des closteres to Vtersen unde eren nakomlingen den Zehnten u.a. aus Land dat se oldings hebben gehat in dem Nygenlande.[39]

Hieraus geht einmal hervor, dass Nygenlande, zwischen Rhin und Schleuer belegen, damals ein neu oder erneut eingedeichtes Gebiet gewesen sein muss, weil in unbedeichtem Land keine zehntpflichtigen Höfe gelegen haben können.[40] Zum anderen, dass das Kloster Uetersen hier schon früher, vor der (oder während der ersten?) Bedeichung, Grundbesitzer gewesen sein muss, und zwar, wie das Adverb oldings nahelegt, schon länger als 1350, dies 1353 jedoch nicht mehr der Fall war. Die Vergabe der Patrozinien könnte somit durchaus mit dieser Beziehung zu tun gehabt haben. Wann erfolgte aber die Eindeichung? Das ist kaum zu beantworten. Detlefsen weist im Anschluss an Kuß auf eine allerdings nur in verkürzendem Regest überkommene Urkunde von 1300 hin, als Johann II. von Holstein-Kiel († 1321) und sein Sohn Adolf († 1315) das Kamerland mitsamt einer Wüstenei von Albert und Nicolaus (Claus) v. d. Wisch für 2000 Mark lübisch erworben haben sollen.[41] Da ein Albert v. d. Wisch zuerst 1338 vorkommt[42] und ein Claus 1319,[43] ist das Jahr in der Abschrift möglicherweise falsch, und die gräflichen Personen sind eher Johann III. und Adolf IX. Dies würde zu dem übrigen Befund jedenfalls besser passen.[44] Der Hamburger Archivar Johann

---

37 Richard Haupt, *Die Bau- und Kunstdenkmäler der Provinz Schleswig-Holstein mit Ausnahme des Kreises Herzogtum Lauenburg. Bd. 2. Kiel 1888, S. 519–520.*

38 SHRU 1, 525, 608; 2, 673.

39 SHRU 4, 584 (25. 5. 1353, Regest fehlerhaft).

40 Detlefsen, Herzhorn, S. 5.

41 Christian Kuß, *Miscellen. 3. Lieferung,, in: NStM 1 (1832), S. 519–552; dort S. 539; Detlefsen, Herzhorn, S. 3–4; Ehlers, Herzhorn 2011, S. 40.*

42 SHRU 3, 999 (9. 9. 1338).

43 SHRU 3, 403; 8, 20 (31. 12. 1319).

44 *Den jetzigen Liegeort der kopialen Urkunde, auf die sich Kuß beruft, konnte ich nicht ermitteln. Möglicherweise ist sie untergegangen.*

Martin Lappenberg (1791–1865) schreibt diesbezüglich: „Jene Wüstenei war es folglich, welche zwischen der Elbe, dem Herzhorner Rhin, der Kamer-Wetterung, vielleicht dem schwarzen Wildewasser und von anderen dortigen kleinen Gewässern umströmt, seit dem Anfange des vierzehnten Jahrhunderts urbar gemacht war, doch immer noch als Insel angesehen werden konnte."[45]

1350 verkauften Johann III. von Holstein-Plön und sein Sohn Adolf VII. zu Holstein und Schauenburg († 1353)[46] und dessen Sohn sowie den Dörfern Sommerland und Grönland, die zum Gebiet der jungen Herrschaft Pinneberg gehörten, eine Wetterung zur Wasserabführung in die Elbe.[47] Diese beiden Dörfer, allerdings nicht Herzhorn, kommen auch in dem im 14. Jahrhundert angelegten Nekrolog des Hamburger Domkapitels vor.[48]

1312 bzw. 1313, vor den schauenburgischen Erbauseinandersetzungen, zählten Sommerland und Grönland zum Kirchspiel Süderau.[49] Adolf VII. hatte damals die Oberhoheit über Uetersen inne, sein Territorium grenzte an das seines Vetters Johann III. Schon 1341 hatte er deswegen einen Verkauf von Einkünften aus Sommerland und Grönland an das Hamburger Domkapitel bestätigt.[50] Irgendwann dazwischen muss die Eindeichung bzw. Wiedereindeichung des besagten Gebiets erfolgt sein. Vielleicht bezeichnet es der Begriff „Wüstenei" aus jener Urkunde von angeblich 1300. Ehlers schreibt dazu: „Die Wüstenei kann nur der gesamte riesige, früher geschilderte Außendeich mit seinen Strö-

---

45 Lappenberg, Stadt Nyestad, S. 613–614.

46 Zur Persönlichkeit des Grafen s. Hermann von Lerbeck, Cronica comecie Holtsacie et in Schouwenbergh. Ediert und übersetzt v. Sascha Holt. Kiel 2012, S. 114–117.

47 Detlefsen, Herzhorn, S. 5, mit Bezug auf SHRU 4, 411 (24. 2. 1350). Vgl. Detlefsen, Elbmarschen 1, S. 200–202.

48 Necrologium Capituli Hamburgensis, S. 140 (13. 11.), 58 (26. 3.), 68 (26. 4.), 125 (30. 9.), 126 (4. 10.).

49 SHRU 3, 249, 273. Vgl. SHRU 4, 17, 19 und Gustav Apel, Güterverhältnisse, S. 159–160, 199–200.

50 SHRU 4, 19 (1. 5. 1341). Vgl. SHRU 4, 17 (23. 4. 1341).

men, Prielen und Inseln sein, also das Gebiet des späteren Kirchspiels Herzhorn."[51]

Dann wäre auch die Insel Nygenlande dazuzurechnen. Die Urkunde von 1353 liegt bis heute im Uetersener Klosterarchiv. Der Offizier und Geschichtsschreiber Johann Friedrich Camerer (1720–1792) führte sie um 1760 an (übrigens in fehlerhafter Weise), konnte aber mit der Ortsbezeichnung Nygenlande nichts mehr anfangen: „ ... hier waltet eine Schwierigkeit ob. Man kann es nicht eigentlich finden, noch weniger bestimmen, welches Land dieses Neu-Land eigentlich sey."[52]

Es scheint sich somit um außendeichs belegenen bzw. wüst gefallenen Grundbesitz des Klosters Uetersen gehandelt zu haben, über dessen Ursprung wir nicht mehr Bescheid wissen. Vielleicht war ein Ankauf der Ländereien durch die Plöner Grafen erfolgt, die als Siedlungsunternehmer in eigener Sache die Eindeichungskosten getragen hatten und sich nun zum Teil refinanzierten.[53] Der Uetersener Konvent als Grundbesitzer in der Krempermarsch – das ist an sich nicht verwunderlich, weil das Kloster schon seit seiner Gründung durch die edelfreie Familie von Barmstede dort begütert war. Noch 1346 hatte es Land und Einkünfte in Süderau, also wenige Kilometer von Herzhorn entfernt, von der Familie Raboysen erworben.[54] Die Kirchspielstopographie der Elbmarschen um 1350 ist gut aus einer Karte ersichtlich, die Karlheinz Gaasch 1953 veröffentlichte.[55]

Jetzt zurück zurück zu Nygenstade: Die ökonomische Funktion dieses Ortes lässt sich mit der Ausfuhr landwirtschaftlich erzeugter Güter aus der Krempermarsch elbaufwärts nach Hamburg oder elbabwärts über die Nordsee nach Westeuropa erklären, vielleicht gab es auch eine

---

51 Ehlers, Herzhorn 2011, S. 41.

52 Johann Friedrich Camerer, Vermischte historisch-politische Nachrichten in Briefen von einigen merkwürdigen Gegenden der Herzogthümer Schleßwig und Hollstein, ihrer natürlichen Geschichte und andern seltenen Alterthümern. Tl. 2. Flensburg, Leipzig, Altona 1762, S. 196.

53 Das vermutet auch Detlefsen, Herzhorn, S. 7–8.

54 SHRU 4, 244 (14. 5. 1346).

55 Karlheinz Gaasch, Die mittelalterliche Pfarrorganisation in Dithmarschen, Holstein und Stormarn. Kapitel II, in: ZSHG 77 (1953), S. 1–96; dort S. 91. Auch abgebildet bei Bünz, Besiedlung, S. 27.

Einfuhr, z.B. von Tuchwaren aus Flandern.[56] Nygenstade war, wie oben schon angedeutet, eine ‚Glückstadt vor Glückstadt', wenn dem Ort auch letztlich kein Glück beschieden war. An dieser Stelle muss ich ein Problem einflechten, das ich nicht klären konnte: Zu welchem Kirchspiel gehörte Herzhorn bei der eindeutig datierten Ersterwähnung 1354? Es muss sich, wenn man die Karte von Karl-Heinz Gaasch von 1953 zu Rate zieht, um Bole oder Süderau gehandelt haben.[57] Der Historker Andreas Ludwig Jacob Michelsen (1801–1881) ist sich sicher, dass Herzhorn zu Bole gehörte.[58]

Wurde Herzhorn nun 1354 dem gerade geschaffenen Kirchspiel auf dem Neuland zugeschlagen? Dann muss eine Abteilung (fachsprachlich Dismembration) stattgefunden haben, die immer auch Ausgleichsleistungen zugunsten der so verkleinerten Stammparochie beinhaltete.[59] Von einer solchen ist in jener Urkunde aber nicht die Rede, sondern nur von einer Gleichstellung mit den Nachbarpfarreien.

Nun finden wir in der Literatur immer wieder das Jahr 1352[60] als älteste Erwähnung Herzhorns. Ich kann mich diesem Datum nicht anschließen. Es stammt, so scheint es zunächst, aus einer offiziellen Schrift des Hamburger Priesters Friedrich Krans, die dieser in seiner Eigenschaft als Kaplan (und wohl auch Rechtsberater) Adolfs IX. von Holstein-Plön 1376 verfasste, um den Erwerb der erzbremischen Vogtei Haseldorf durch seinen Herrn zu rechtfertigen. Deswegen betitelte

---

56 *Klaus-Joachim Lorenzen-Schmidt, Anschreibebuchforschung in den holsteinischen Elbmarschen, in: Forschungen zu Bäuerlichen Schreibebüchern. Mitteilungen 2 (1990), S. 17–19; dort S. 17; ders., Ein kurzer Gang, S. 9; Thomas Riis, Wirtschafts- und Sozialgeschichte Schleswig-Holsteins. Leben und Arbeiten in Schleswig-Holstein vor 1800. Kiel 2009, S. 146–147.*

57 *Wiedergegeben bei Bünz, Besiedlung, S. 27, Karte 8.*

58 *Michelsen, Haseldorfer Marsch, S. 19.*

59 *Zwei typische Beispiele: SHRU 1, 711 (Gründung des Kirchspiels Trittau 1248); SHRU 3, 721 (Gründung des Kirchspiels Lütjensee 1330). Vgl. Bünz, Bauern und ihre Kirche, S. 233.*

60 *Drei Beispiele: Ehlers, Herzhorn 2011, S. 43; Hans Gerhard Risch, Die Grafschaft Holstein-Pinneberg von ihren Anfängen bis zum Jahr 1640. Hamburg 1986, S. 175; Klaus-Joachim Lorenzen-Schmidt, Krempe – eine alte Marschenstadt, in: Vorträge der Detlefsen-Gesellschaft 14 (2011), S. 7–40; dort S. 8.*

Krans sein Werk mit einem juristischen Terminus als Exceptiones, d.h. Einwendungen gegen vor Gericht erhobene Klagen.[61] Es ist unbestritten, dass dieses Gebiet in den vorangegangenen Jahrzehnten unter niederadeligen Vögten u.a. aus den Familien Heest und Krummendiek[62] politisch sehr instabil gewesen war. Doch muss man als Historiker quellenkritisch sein und fragen, ob Krans in seinen drastischen Schilderungen von Raub, Brand, Mord und Totschlag nicht absichtsvoll übertrieben hat. Im Rahmen dieser Darstellung, die mit dem Jahre 1345 einsetzt, heißt es: Vortmer dar de Wustenie[63] und uth der kerspelen tho Asulethe und Langenbroke is vele roves und mordes geschien, thwyschen der Horst und Elmeshorne uppe der Herkestheide und vortmehr in deme Harteßhorne. Her Hinrik Stapel,[64] de officiall was provest Werners tho Hamborch, und her Ludeke Schyldere, de nhu canonick is tho sunte Annen tho Stade,[65] worden vanghen und voret tho Haseldorpe in den torn, dar wol ßos weken inne ßeten in schwarer vencknisse. Vortmer in deme sullven Harteßhorne wart her Roleff, kerckherre tho Lunden,[66]

---

61 *SHRU 6, 82 (S. 55).*

62 *Hans G. Trüper, Ritter und Knappen zwischen Weser und Elbe. Die Ministerialität des Erzstifts Bremen. Stade 2000, S. 447–448; Hans-Gerhard Risch, Der holsteinische Adel im Hochmittelalter. Eine quantitative Untersuchung. Frankfurt am Main u.a. 2010, S. 312–326.*

63 *Urbar gemachtes, aber dann wieder durch Überschwemmungen untergegangenes Land in der Seestermüher oder Krempermarsch.*

64 *Rektor der Kirche in Bole (SHRU 4, 369, 24. 5. 1349; Klaus-Joachim Lorenzen-Schmidt, Ortsnachweis der nordelbischen Kleriker und Konventualen/ Konventualinnen des Mittelalters, in: Pfarrer, Nonnen, Mönche. Beiträge zur spätmittelalterlichen Klerikerprosopographie Schleswig-Holsteins und Hamburgs. Hrsg. v. Klaus-Joachim Lorenzen-Schmidt u. Anja Meesenburg. Neumünster 2011, S. 133–264; dort S. 138, Sp. 1.*

65 *Vielmehr St. Georg in Stade (vgl. SHRU 7, S. 273, Sp. 2). Es handelt sich um einen Fehler des Kopisten des 16. Jahrhunderts, dem vielleicht eine Verwechslung mit der Herzhorner Kirche unterlaufen ist. Ludeke (Ludolph) Schylder(e) war 1382 Schatzmeister des Prämonstratenserstiftes (UB St. Georg 257).*

66 *Wahrscheinlich identisch mit Rodolphus in Lunden, 1389 verstorben (SHRU 6, 812 a/ 1748; Lorenzen-Schmidt, Ortsnachweis, S. 229, Sp. 2).*

und herr Johan Wie,[67] de nhu domherr is tho Hamborch, vangen und
bunden in den struck, ere perde und dartho ohre watßacke genhammen
...[68]

    Das nennt man wohl Raubritterunwesen. Im Sinne einer modernen
Verständnissoziologie könnte man vielleicht von sozialunverträgli-
chem Kompensationsverhalten verarmender Niederadeliger sprechen.[69]
Offenbar war Herzhorn einer ihrer Stützpunkte, um Durchreisende
zu überfallen, gefangenzusetzen und nur gegen Lösegeld freizulassen.
Krans nennt aber nicht das Jahr 1352 in seiner Verteidigungsschrift,
vielmehr deutet die Erwähnung des Propstes Werner Militis in die Zeit
zwischen 1354 und 1363.[70] Nach Detlefsen erging am 12. 10. 1352 aufgrund einer Beschwerde des Bremer Erzbischofs Gottfried von Arns-
berg († 1363) ein kaiserliches Mandat an sämtliche Schauenburger Grafen, dem Treiben der schon im Kirchenbann befindlichen Pfandinhaber
Hartwig von Heest und Willekin von Bredenfleth ein Ende zu bereiten.
In diesem Zusammenhang zitiert Detlefsen die eben angeführte Stelle
aus Krans' Schrift.[71] Das Jahr ist falsch; denn das Mandat stammt von
1359, wie der korrigierte Abdruck in den „Schleswig-Holsteinischen
Regesten und Urkunden" zeigt.[72] Und außerdem enthalten Krans' Exceptiones weder das Jahr falsche Jahr 1352 noch das richtige Jahr 1359,
so dass man von 1352 als ältester urkundlicher Erwähnung Herzhorns
Abschied nehmen sollte. Ehlers hätte das übrigens wenngleich noch

---

67   *Sonst als Johannes Wighe bekannt (Lorenzen-Schmidt, Ortsnachweis, S. 158,*
       Sp. 1). Der Name kommt auch bei Geistlichen im Mittelweserraum vor (UB
       Hameln 2, S. 781, Sp. 2, S. 782, Sp. 2).

68   *SHRU 6, 82 (S. 56–57).*

69   *Detlev Kraack, Von ‚kleinen Krautern' und großen Herren. Der nordelbische*
       Adel vor 1460, in: Der Vertrag von Ripen 1460 und die Anfänge der politischen
       Partizipation in Schleswig-Holstein, im Reich und in Nordeuropa. Hrsg. v.
       Oliver Auge u. Burkhard Büsing. Ostfildern 2012, S. 101–140; dort S. 114–116,
       129–130.

70   *Jürgen Wätjer, Macht und Gebet. 1000 Jahre Domkapitel in Hamburg, in:*
       Verein für Katholische Kirchengeschichte in Hamburg und Schleswig-Holstein.
       Beiträge und Mitteilungen 7 (2002), S. 1–262; dort S. 242.

71   *Detlefsen, Elbmarschen 1, S. 277–278.*

72   *SHRU 4, 832 (12. 10. 1359).*

nicht 1922,[73] so doch 1964 wissen können, weil der entsprechende Urkundenband, den Volquart Pauls bearbeitete, 1924 in Kiel erschien. Aber er hat lieber von Detlefsen abgeschrieben, der sich wiederum auf Michelsen stützte, welcher sich seinerseits auf den Hamburger Pastor und Kirchenhistoriker Nicolaus Staphorst (1676–1731) verlassen hatte.[74] In der Neuauflage von Ehlers' Werk von 2011 findet sich leider keine entsprechende Anmerkung.[75] Man sieht an diesem Beispiel, wie sich ein Geschichtsirrtum über zweihundertfünfzig Jahre lang halten kann.

II

Die nächsten 95 Jahre, von 1376 bis 1471, schweigen die Quellen über Herzhorn. Ist Herzhorn irgendwann nach 1354 aus dem Kirchspiel Süderau oder Bole herausgelöst und dem Kirchspiel Nygenstade zugeschlagen geworden? Man weiß es nicht. Wir müssen uns, was die Zeit zwischen ca. 1355 und ca. 1400 betrifft, an die Befunde zu Nygenstade halten, die uns archäologische und Schriftquellen liefern. Zu lokalisieren ist der Kirchenbau wohl im Bereich des heutigen Herrenfeldes.

Es kann, was die schriftliche Überlieferung betrifft, in diesem Zusammenhang pauschal auf die Quellenbelege aus den Jahren 1353 bis 1402 verwiesen werden, die Doris Meyn in einem Aufsatz über Nygenstade zusammengestellt hat.[76] Obwohl sie nicht vollständig sind, ergibt sich, dass es sich bei der Wüstung Nygenstade um eine mittelalterliche Stadt mit Bürgern, Weichbild, Rechtsbewidmung, Ratsverfassung, Ratssiegel, Pfarrei und agrarischem Umland, eben dem Nygenlande, handelte. Die erhaltenen Urkunden zeigen herkunftsbedingt enge Beziehungen zum Hamburger Domkapitel und den dortigen Kathedralgeistlichen. Daneben begegnet das Kloster Uetersen als Zehntempfänger und Grundeigentümer. Geschäftsbeziehungen eines Wilkyn Westervlete consul van

---

73 *Wilhelm Ehlers, Geschichte und Volkskunde des Kreises Pinneberg. Elmshorn 1922, S. 135.*

74 *Staphorst 2, S. 619–620; Michelsen, Haseldorfer Marsch, S. 20.*

75 *Ehlers, Herzhorn 2011, S. 43.*

76 *Doris Meyn, Wurde die Wüstung der mittelalterlichen Stadt Nygenstad bi de Elve gefunden?, in: ZSHG 91 (1966), S. 93–119; dort vor allem S. 94–96. Vgl. Lappenberg, Stadt Nyestad, S. 615–619.*

der Nyghen Stat zu dem Hamburger Kaufmann Vicko von Geldersen d. Ä. († 1391) sind für 1371 belegt, als Westerfleth von Geldersen grün und blau gefärbte (flämische?) Tuchware erwarb.[77] Es handelt sich in diesem Fall nicht um Neustadt in Ostholstein.[78]

In einer unlängst erschienenen (leider nicht vollständigen) Aufstellung über die Entwicklung der Grundherrschaft des Klosters Uetersen wird für das Jahr 1379 angegeben:

„Kloster Uetersen erwirbt einen Pflug Land zu Lesigfeld im Ksp. Herzhorn bei Nyenstadt."[79]

Vermutlich bezieht sich diese Angabe auf eine Urkunde, die Adolf IX. von Holstein-Plön am 16. 8. 1379 ausstellen ließ. Sie beinhaltet die landes- und lehnsherrliche Bestätigung des Verkaufs einer Hufe durch Borchard von Krummendiek an das Kloster Uetersen, die „auf unserem Nigenlande an der Elbe bei Nigenstade gegen das Kirchspiel Asfleth hin" (in Noua Terra nostra iuxta Albeam prope Nouam Civitatem versus parrochiam Asflete) liegt. Die wohl um 1500 hinzugefügte (zweite) Rückschrift auf dem Original, das sich im Uetersener Klosterarchiv befindet, lokalisiert das Landstück mit den Worten: bii deme Harteshorne unde bii der Nigenstad.[80] Von einem Kirchspiel Herzhorn ist hier allerdings ebenso wenig die Rede wie vom Lesigfeld, wo die Hufe allerdings später verortet wurde.[81] Das Lesigfeld lag ursprünglich im Kirchspiel Süderau, im 16. Jahrhundert kam ein Teil zum Kirchspiel Herzhorn, das 1379 aber noch nicht bestand.[82] Die Angaben in der oben genannten Veröffentlichung sind somit missverständlich.

In dem innerschauenburgischen Friedens- und Erbvertrag, der nach dem Tode Adolfs IX. von Holstein-Plön am 17. April 1390 zu Kiel geschlossen wurde, bekam das Jüngere Haus Schauenburg aus der Erb-

---

77 Vicko von Geldersen, Handlungsbuch. Bearb. v. Hans Nirrnheim. Hamburg, Leipzig 1895, S. 84, Nr. 209.

78 Ebd., S. 141, Sp. 2. Vgl. SHRU 6, 783 (20. 9. 1388) u. 797 (6. 12. 1388).

79 Dieter Beig, Grunderwerb des Klosters Uetersen 1235–1639. Rittersitze in der Grafschaft Pinneberg und Umgebung, Teil 13. In: Jb. Pinneberg 2014, S. 101–108; dort S. 106.

80 SHRU 6, 268 (S. 185).

81 Detlefsen, Elbmarschen 1, S. 201.

82 Nach Ehlers, Herzhorn 2011, S. 9.

masse der Plöner Linie Nygenstad und Nygenlande. Ein entsprechender Huldigungsaufruf war deme rade unde den gemenen burgheren tor Nygenstat bi de Elve unde deme gantsen kerspelde darsulves am 14. April 1390 zugegangen. Damals muss Nygenstade also noch ein intaktes Gemeinwesen gewesen sein.[83] Die Gräfin Anna von Holstein-Plön aus dem Geschlecht der Mecklenburger Herzöge bekam Nygenstad mit dem Nygenlande als Leibgedinge bis zu ihrem Tode.[84] Da dieser nach dem 26. 1. 1415 erfolgt sein muss,[85] kann das Jüngere Haus Schauenburg frühestens 1415 in die volle Rechtsnachfolge eingetreten sein.

Bezeugt ist der Verkauf von Baumaterial aus dem offenbar nicht mehr genutzten bzw. nutzbaren Nygenstader Kirchengebäude „an die Eingesessenen des Kirchspiels Billwärder"[86] im Jahre 1402 durch den letzten Nygenstader Pfarrer Johann Borsvlet für 40 Mark.[87] Dieser Erlös diente zur Errichtung einer Vikarie in der Kremper Petrikirche. Die Gräfin Anna sah das offenbar als Eingriff in ihr Wittum an und beschwerte sich deswegen beim Hamburger Rat. Ob mit Erfolg, ist nicht überliefert.[88] Vermutlich hatten Sturmfluten in den 1390er Jahren Nygenstad samt Umland unbewohnbar gemacht.[89] Besonders schwere Schäden scheint die Flut von 1396 angerichtet zu haben, die in der ersten Fortsetzung der Detmarschen Chronik erwähnt wird: By der sulven tid do was so groet upstowinghe der Elve in Nedderlande bi Hamburch, dat vele

---

83 *SHRU 6, 876.*

84 *SHRU 6, 877 (S. 624).*

85 *Bei der Wieden, Schaumburgische Genealogie, S. 59–60 (unter Nr. 41). Nach Lappenberg, Stadt Nyestad, S. 618, lebte Anna noch 1424. Er liefert aber keinen Quellenbeleg für diese Behauptung.*

86 *Lappenberg, Stadt Nyestad, S. 619.*

87 *StA HH Senat Cl. VIII Nr. XVIIIa1 Bd. 1 – Liber memorandorum Bd. 1, p. 50/3; Staphorst 4, S. 118–119 (Nr. 2).*

88 *Meyn, Wüstung, S. 95–96.*

89 *Kuss, Jahrbuch denkwürdiger Naturereignisse, S. 36 (unter 1380); Lappenberg, Stadt Nyestad, S. 618–619; Ernst Finder, Die Elbinsel Finkenwärder. Ein Beitrag zur Geschichte, Landes- und Volkskunde Niedersachsens. 2. Aufl. Hamburg 1951, S. 13.*

dorpe unde landes vorghingen mit luden unde mit queke [Vieh], unde scach sere groet scade.[90]

Der Billwerder war 1385 durch den Hamburger Rat erworben worden. Dieser war seinerzeit bestrebt, strategisch und ökonomisch wichtige Gebiete des Umlandes in seinen Herrschaftsbereich einzugliedern.[91] Es drängt sich daher eine Frage auf, die im Rahmen dieses Vortrags nur formuliert werden kann: Kam der Untergang Nygenstadts den wirtschaftlichen Interessen der Stadt Hamburg entgegen, und wenn ja, inwiefern? Meyn schließt ihre Darstellung mit den schlichten Worten: „1402 scheint das Schicksal der kleinen Stadt, kaum fünfzig Jahre nach ihrer Gründung, schon besiegelt zu sein. Die Quellen schweigen von diesem Zeitpunkt an ...“[92]

Das Letztere stimmt allerdings nicht. Schon der von Meyn benutzte Lappenberg gibt einen Nachweis für Nygenstad aus einer Urkunde Heinrichs III. von Holstein-Rendsburg († 1421) aus dem Jahre 1419 an.[93] Wir werden gleich sehen, dass es noch mehr Belege gibt.

III

1412 und 1413 ereigneten sich Sturmfluten, die die Krempermarsch heimsuchten: Jtem do men schref 1412, do was de grote flot vp sunte Cecilien auend, vnde alle marschlande breken in vnde dar vordrenkeden vele dusent minschen vnde ve.[94] Anno xiiijc xij iar was eyn grot

---

90 Detmar 1034 (1396), in: Die Chroniken der deutschen Städte vom 14. bis ins 16. Jahrhundert. Bd. 26 (= Lübeck, 2. Bd.). 2. Aufl. Leipzig 1899 (Ndr. Göttingen 1967), S. 86.

91 Finder, Die Elbinsel Finkenwärder, S. 16–17; Peter Gabrielsson, Die Zeit der Hanse, in: Hamburg. Geschichte der Stadt und ihrer Bewohner. Hrsg. v. Werner Jochmann u. Hans-Dieter Loose. Hamburg 1982, S. 101–190; dort S. 104–107.

92 Meyn, Wüstung, S. 96–97.

93 Lappenberg, Stadt Nyestad, S. 619. Es fehlt allerdings ein Hinweis auf den Liegeort.

94 Hamburgische Chroniken in niedersächsischer Sprache. Hrsg. v. Johann Martin Lappenberg. Hamburg 1861, S. 245 (dort noch zwei andere Fassungen dieser chronikalischen Nachricht); Kuß, Jahrbuch denkwürdiger Naturereignisse 1, S. 40–41; Detlefsen, Elbmarschen 1, S. 206.

storm vp sunte Cecilien dach vnde nacht ... Anno xiiijc xiij iar do brak de Kremper marsches [wohl zu lesen: marsche] in.[95]

Ein schnell geschlagener Notdeich führte zur Rücknahme des Schutzwalls zwischen der Stör und Kamerland. Diese Maßnahme hatte zur Folge, dass das Kirchspiel Bole (das m.E. bis zur Cäcilienflut noch vorhanden war) sowie Teile der Kirchspiele Borsfleth und Krempe zu Außendeichgebiet wurden.[96] Ob Herzhorn damals unterging, vorübergehend Wüstenei wurde und erst später wieder neu erstand – wir wissen es nicht. Und wissen wir auch nichts über die kirchliche Zugehörigkeit. Leider wird uns wohl auch für immer verschlossen bleiben, welche Auswirkungen weitere Naturkatastrophen (z.B. die Flut von 1426, die das Kloster Uetersen schwer schädigte) auf Herzhorn hatten.[97]

1436 werden tweundedruttegehestehalve morgen landes (d. h. zwei Drittel Morgen zur Geestseite hin gelegen) in der Nyenstad als zu den Gütern des Niederadeligen Vivian Hoken gerechnet.[98] Man darf diese Angabe wohl so verstehen, dass es als Außendeichsweide in Nutzung stand. 1466 kommt das Nygeland als eines der Ziele einer Reise des Hamburger Bürgermeisters Erich (II.) von Tzeven und des Ratsherrn Gottfried Thode in den Kämmereirechnungen vor.[99] Leider erfährt man nichts über den Zweck des Unternehmens. Seltsamerweise begegnet in derselben Quelle für dasselbe Jahr auch Nigenstad.[100] War der Name als

---

95 *Hamburgische Chroniken, S. 228. Offenbar handelt es sich um zwei Überschwemmungen, deren letztere vielleicht durch die seit der Cäcilienflut zunächst unzulängliche Deichsicherung verursacht worden war. Vgl. Kuß, Jahrbuch denkwürdiger Naturereignisse 1, S. 40–41, der das in Zweifel zieht.*

96 *Lorenzen-Schmidt, Ein kurzer Gang, S. 10.*

97 *LAS Urk.-Abt. 122, Nr. 27 (26. 5. 1427, unveröffentlicht). – Matthias Boetius, De Cataclysmo Norstrandico Commentariorum Libri Tres. Text, Übersetzung u. Anmerkung von Otto Hartz. Neumünster 1940, S. 48–49; Johann Adrian Bolten, Ditmarsische Geschichte. Tl. 4. Flensburg u. Leipzig 1788, S. 113–115; Kuß, Jahrbuch denkwürdiger Naturereignisse 1, S. 42; Finder, Die Elbinsel Finkenwärder, S. 14–16.*

98 *SHRU 9, 55, S. 23 (1. 8. 1436).*

99 *HKR 2, 289, Z. 22–24 (Exposita 1466): 11 M. 7 Sch. 6 Pf. dominis Erico de Tzeven et Godfrido Thoden, versus Nygeland, Eyslinghe et Utersten.*

100 *HKR 2, 294.*

Alternativbezeichnung für Herzhorn in Gebrauch geblieben? Das trifft nicht zu. Vielmehr ist richtig, was Doris Meyn – ohne allerdings jene Belege aus den von ihr nicht hinzugezogenen Hamburger Kämmereirechnungen zu kennen – vermutet: Der Name der Nygenstad blieb über deren Untergang hinaus als Toponym erhalten[101] – und dasselbe hat, so darf man ergänzen, für das Nygeland zu gelten. Ob die Begriffe seinerzeit bedeutungsgleich waren oder nicht, weiß ich nicht.

Einige Jahre später jedenfalls – 1473 – begegnet, wieder in den Kämmereirechnungen, der nächste Nachweis Herzhorns in einer Schriftquelle, den ich ermitteln konnte. Der besagte Bürgermeister von Tzeven und Johannes Huge (†1509), Ratsherr und später ebenfalls Bürgermeister, bekommen von der Stadt die Kosten für eine Reise erstattet, die sie nach Herzhorn zu einem namentlich nicht bezeichneten Schauenburger Grafen geführt hat, der sich offenbar dort aufhielt:

5 M. 19 Sch. 2 Pf. dominis Erico van Tzeven et Iohanni Hugen ad dominum comitem Schomburgensem tom Herteshorne.[102]

Aus herrschaftschronologischen Gründen konnte das eigentlich nur Adolf XII. zu Holstein und Schauenburg (†1474) oder dessen Mitregent Erich (†1492) gewesen sein.[103] Leider erfahren wir auch in diesem Fall nichts über Anlass und Ziel der Reise.

Wir müssen jetzt, um den Faden der „großen" Landesgeschichte wiederaufzunehmen, dreizehn Jahre zurückgehen, bis 1460. Bekanntlich wurde in diesem Jahr im Zuge der Wahl des dänischen Königs Christian I. (1426–1481) zum Herzog von Schleswig und Grafen von Holstein in Personalunion, der durch einen Ausschuss der Ritterschaft erfolgte, die Verträge von Ripen und Oldesloe geschlossen. Otto II. zu Holstein und Schauenburg (1400–1464) konnte seine von Rechts wegen bestehenden Erbansprüche nicht durchsetzen und wurde mit Geld, kleinen

---

101 *Meyn, Wüstung der mittelalterlichen Stadt,* S. 97–102.
102 *HKR 2, 100, Z. 36–101, Z. 1 (Exposita 1473).*
103 *Bei der Wieden, Schaumburgische Genealogie,* S. 117–120.

Gebietszuwächsen[104] und einer Bestandsgarantie für sein nordelbisches Territorium abgefunden. Der Oldesloer Vergleich sah vor,

> *dat desülve Herr Köning den ehrgenandten Juncker Otten, syne sähne und ehre Erven, schall by ehrer Herrligkeit, ehren Landen und Lüden up düsse Syden der Elve belegen, mit allen ehren Rechten, fredelicken und ungeenget lahten, in aller mahte, als see und ehre Olderen bet an düsse Tyd gehadt, und darinnen beseten hebben ...*[105]

Da keine einzelnen Orte und Landstriche aufgezählt werden, können wir davon ausgehen, dass Herzhorn, Sommerland und Grönland bei dem Jüngeren Haus Schauenburg verblieben. Für die Einrichtung eines eigenen Herzhorner Kirchspiels bietet der Oldesloer Vertrag von 1460 jedenfalls keinen Anhaltspunkt. An dieser Stelle sei darauf hingewiesen, dass in der Herrschaft (so der seit dem 16. Jahrhundert gebräuchliche Terminus) Herzhorn bis in die preußische Zeit hinein hollisches Recht galt. Dieses geht in seinem Kernbestand auf dasjenige Rechtstum zurück, das die holländischen Siedler im 12. und 13. Jahrhundert mitbrachten. Enno Bünz schreibt dazu mit Bezug auf die Chronik der nordelbischen Sassen: „Hollerrecht war kein auf eine bestimmte Volksgruppe beschränktes Recht, sondern Kolonistenrecht."[106] So gestattete Otto I. zu Holstein und Schauenburg († 1404) gemeinsam mit seinem Bruder,

---

104 *So jedenfalls Helge Bei der Wieden, Die Grafen von Holstein(-Pinneberg) und Schaumburg, in: Fürsten des Landes, S. 390–403; dort S. 390: „Otto bekam eine Abfindung von 43.000 Gulden, dazu den Schaumburger Hof in Hamburg und Gebiete der späteren ,Wildnis'." Welche ,Wildnis' ist gemeint? Es handelt sich vermutlich um eine Verwechslung mit dem Erbvertrag von 1390. Anders und wohl richtig Risch, Grafschaft Holstein-Pinneberg, S. 89: „Territoriale Gewinne auch noch so geringster Art erhielt die Linie Holstein-Pinneberg keine." Risch weist außerdem darauf hin, dass Otto tatsächlich nur 41.500 Gulden bekommen habe (ebd.).*

105 *Sammlung der wichtigsten Urkunden, welche auf das Staatsrecht der Herzogthümer Schleswig und Holstein Bezug haben. Hrsg. v. Nicolaus Falck. Kiel 1847, S. 25.*

106 *Bünz, Besiedlung, S. 25. Vgl. Die Chronik der nordelbischen Sassen. Hsrg. v. Johann Martin Lappenberg. Kiel 1865 (QuSHLG 3), S. 81.*

dem Hamburger Dompropst Bernhard († 1398), 1397 auf seinem Teil des Finkenwerders den Gebrauch des Hollerrechts und des Holstenrechts.[107] Dem war keine Ansetzung holländischer Siedler vorangegangen, wohl aber eine schwere, mit Bevölkerungsverlusten verbundene Sturmflut, die Zuwanderung und neue Eindeichungsmaßnahmen erforderte.[108] Ebenfalls 1397 bekamen die Siedler auf dem Gorrieswerder Holstenrecht.[109] Diese Unterschiede bei der Rechtsbewidmung dürften auf unterschiedliche Herkunftsgemeinschaften bzw. Geltungsgebiete der Neusiedler zurückgehen.

Christian I. war in seiner Eigenschaft als Graf (seit 1474 als Herzog) von Holstein bestrebt, die Selbstverwaltung der Marschbauern einzuschränken und deswegen in den zu seinem Herrschaftsbereich gehörenden Teilen der Elbmarschen das Hollerrecht zugunsten des (schon von dem Verfasser des Chronicon Holtzatiae favorisierten)[110] Holstenrechts abzuschaffen. Das erfolgte nach einer Ankündigung im Vertrag von Ripen[111] am 2. 11. 1470 im Zusammenhang der Niederschlagung eines Aufstandes der Landesgemeinden der Kremper- und Wilstermarsch.[112] Herzhorn, Sommerland und Grönland waren, da Teil der Grafschaft Holstein-Pinneberg, nicht betroffen. Somit blieb Herzhorn nicht nur territorial, sondern auch rechtsgebietlich eine Exklave. Hat diese Entwicklung etwas mit der Einrichtung eines eigenen Herzhorner Kirchspiels zu tun? Dann könnte man an die Landesherrschaft als treibende

107 *SHRU 6, 1335 (13. 7. 1397).*

108 *Siehe Anm. 85.*

109 *SHRU 6, 1387.*

110 *Presbyterus Bremensis, Chronicon Holtzatiae, cap. XVI (Ed. Lappenberg, S. 37–39).*

111 *Erich Hoffmann, Spätmittelalter und Reformation (= Geschichte Schleswig-Holsteins 4, 2). Neumünster 1990, S. 282: „Diese Umschreibung einer Aufhebung des Hollischen Rechtes als Gnadenerweis erscheint jedoch als eine Tarnung des wahren Sachverhalts, da die Selbstverwaltung der Bauern nach Hollischem Recht wesentlich wirksamer war als nach gemeinem Holstenrecht."*

112 *Detlef Detlefsen, Geschichte der holsteinischen Elbmarschen. Bd. 2. Glückstadt 1892, S. 102; Otto Kähler, Das Schleswig-Holsteinische Landesrecht. Eine Darstellung des in Schleswig, Holstein und Lauenburg noch geltenden Sonderrechts. 2. Aufl. Glückstadt 1923, S. 17 (mit Quellenangaben).*

Kraft denken, die gewiss bestrebt war, in Abgrenzung gegen die Pfarreiorganisation der Grafschaft Holstein-Rendsburg auf niederkirchlicher Ebene klare Strukturen zu schaffen. Zu fragen wäre dann, wo die Bewohner der Dörfer Sommerland und Grönland seinerzeit eingepfarrt waren. Gehörten sie zum Kirchspiel Süderau?

IV

Nun ist es so, dass wir nicht nur Quellen aus Pergament oder Papier haben, sondern auch solche aus Stein, Holz, Metall oder anderen Materialien. Lassen Sie uns deswegen jetzt den Blick wieder unmittelbar nach Herzhorn richten, und zwar auf die spätmittelalterlichen Ausstattungsgegenstände der Herzhorner Kirche. Dabei gehe ich von der ersten systematischen Erfassung durch den Plöner Gymnasiallehrer und zeitweiligen preußischen Provinzialkonservator Richard Haupt (1846–1940) aus, die 1887–1889 im Druck erschien. Haupt nennt an spätgotischem Inventar immerhin:

1. Ein Holzkruzifix (auf dem Pastoratsboden befindlich)
2. Eine sandsteinerne Kreuzgruppe
3. Ein Leuchterpaar
4. Eine Glocke von 1471 aus Kirchbarkau (Kreis Plön)
5. Eine Glocke von 1471 aus Herzhorn[113]

In der „Kunsttopographie" von 1969 bzw. 1989 finden sich nur noch das Leuchterpaar und die Glocke aus Kirchbarkau.[114] Ein doch auffälliger Schwund, der sich vermutlich mit dem Kirchenbrand von 1937 erklären lässt. Nach Ehlers wurde die zweite der Glocken von 1471 im Ersten Weltkrieg eingeschmolzen.[115] Zum Glück hat uns Haupt die überwiegend niederdeutschen Aufschriften der beiden Dreiklangrippen bewahrt:

1. anno . d[omi]ni . m . cccc . in deme . lxxi . iare . katerina . bin . ik . geheten . dat . karspel . to . barkowe | let . mi . geten . marquart . krul

---

113 *Richard Haupt, Bau- und Kunstdenkmäler 2, S. 468–470.*

114 *Hartwig Beseler, Kunsttopographie Schleswig-Holstein. Bearbeitet im Landesamt für Denkmalpflege Schleswig-Holstein und im Amt für Denkmalpflege der Hansestadt Lübeck. Neumünster 1969 (26.–30. Tausend 1989), S. 795.*

115 *Ehlers, Herzhorn 2011, S. 328.*

. mi . gegaten . had . god . geve . siner . sele . rad | do hadde . hartich
. poggewicce . vnde marquard . sin . broder . do was . kerkher . her
hermen . ratenow . vnde . vichorges[116] . her . niclawes . broctorp .
vnde . were . kerksvaren . detlefsen . wetenrodt . radke . greve . hen-
ke . sturbom . tho . rins . bocgel ... bros.[117]

2. anno . d[omi]ni . m . cccc . lxxi . maria . bin . ik .geheten . de . van
hertehorne . teten . mi . gethen . | de kerksvaren ... hermen klinghe.
mi . gegaten . had . god . geve . siner . sele . rad.[118]

Die erste Aufschrift findet sich noch einmal im Glockenatlas der Kunst-
historikerin Ines Brandt.[119] Nr. 1 gehört somit zu den dreißig Glocken
aus dem 15. Jahrhundert, die es heute noch in Schleswig-Holstein
gibt.[120] Brandt liefert – offenbar aus eigener Anschauung – eine genaue
Beschreibung des Objekts: „Die Herzhorner Glocke ... hat eine Gesamt-
höhe von 113 cm und einen Durchmesser von 110 cm. Die Sechsbü-
gelkrone hat tauwerkartig geflochtene Bügel. Die Schulter ist flach und
knickt zum Hals um. Die Flanke ist schräg abfallend und schwingt erst
im unteren Teil in den Wolm aus. Der Schlagring knickt ab und läuft
dann schräg abwärts. Auch diese Glocke hat die Form der Gotischen
Dreiklangrippe. Auf der Schulter sind vier Reifen angebracht. Drei
weitere laufen oben am Hals als Rahmen des zweizeiligen Schriftbandes um. Am Wolm sind ebenfalls drei angebracht und zwei laufen am
Schlagring als Rahmen eines weiteren Schriftbandes um. Die Inschrift
ist aus gotischen Minuskeln gebildet. Am Schlagring sind die Buchstaben während des Gusses verrutscht und daher schlecht zu lesen ... Unter
dem Schriftband am Hals läuft ein hängender Blattfries um. Auf der
einen Seite der Flanke ist auf einer Konsole ein Relief des Hl. Georg mit
dem Drachen angebracht. Das Relief ist sehr plastisch ... Die Kathari-
nenglocke ist 1471 von Marquart Krul gegossen worden."[121]

---

116 *Vielleicht verlesen aus vicerector oder vicarius.*

117 *Das Ende ist nicht verständlich.*

118 *Haupt, Bau- und Kunstdenkmäler, Bd. 2, S. 469–470.*

119 *Ines Brandt, Ein Atlas der mittelalterlichen Glocken in Schleswig-Holstein von
den Anfängen bis 1530. Kiel 1990, S. 132–133.*

120 *Brandt, Atlas, S. 65.*

121 *Brandt, Atlas, S. 71–72. Vgl. Johannes Biernatzki, Uebersicht der Meister, in:
Richard Haupt, Die Bau- und Kunstdenkmäler der Provinz Schleswig-Holstein*

Diese Glocke hängt aber erst seit 1536 in Herzhorn, nachdem sie von den Kirchgeschworenen für 160 Mark angekauft und gemeinsam mit der Marienglocke im neu errichteten Turm aufgehängt worden war. 2004 hat man sie restauriert und neu geweiht.[122]

Für die Frühgeschichte der Herzhorner Kirche ist die andere, die 1917 zum Einschmelzen abgelieferte[123] Marienglocke von 1471 wichtiger. Und wir können von Glück sagen, dass Haupt uns die Aufschrift (wohl eher Relief als Ritzung) überliefert hat. Ein Teil sei wiederholt: de van herteshorne teten mi gethen. Es ist dies der drittälteste gesicherte Nachweis des Ortsnamens Herzhorn: 1354 – 1376 – 1471 – 1473. Und die kerksvaren (heute würde man von den Mitgliedern des Kirchengemeinderates sprechen) sind der älteste Hinweis darauf, dass Herzhorn eine Pfarrei ist. Glücklicherweise hat Detlefsen, Haupt ergänzend, noch ihre Namen überliefert: „De Kerckswaren Titke Wolt, Marquardt Srewer, Johann Getsk."[124] Pastor Kleine merkt dazu an: „Eine Vorgängerkirche [zu der 1521 errichteten] war bereits um 1470 in der Nähe des heutigen Splethendammes gebaut worden, fiel aber zu Beginn des 16. Jahrhunderts einer Sturmflut zum Opfer."[125]

Auf das Schicksal dieses Gebäudes wird noch einzugehen sein. Zunächst aber noch einmal zurück zur Glockenaufschrift: Wir erfahren sogar den Namen des Gießers: hermen klinghe. Leider hat sich weder Detlefsen noch Ehlers[126] die Mühe gemacht, dieser Person nachzuspüren. Hermann Klinge gehörte einer vermutlich in Bremen ansässigen Metallgießerfamilie an, dessen bekanntester Vertreter Hermanns Vater

---

mit Ausnahme des Kreises Herzogtum Lauenburg. Bd. 3. Kiel: Homann, 1889, S. 1–50; dort S. 37, Sp. 2 (Krol, Marquart).

122 *Ehlers, Herzhorn 2011, S. 46 (unter Mitarbeit von Kay Mordhorst hinzugefügte Zeittafel), 51; Friedrich Kleine, Junge Kirche auf alter Warft, S. 1, 2, Anm. 2, unter:*

123 *Thomas Möller, Ev.-Luth. Kirchengemeinde Herzhorn, in: Stationen auf dem Lebensweg. Kirchen im Ev.-Luth. Kirchenkreis Rantzau. Hrsg. v. Günter Friedrich, Alfred Goetz, Heinz Harbeck. Elmshorn 1993, S. 36–37; dort S. 37.*

124 *Detlfesen, Geschichte der holsteinischen Elbmarschen 2, S. 58.*

125 *Kleine, Junge Kirche, S. 1, Anm. 1.*

126 *Detlefsen, Elbmarschen 2, S. 58; Ehlers, Herzhorn 2011, S. 328.*

Gerd Klinge war.[127] Im Hamburger Stadtgebiet konnten die Klinges, vermutlich wegen der Konkurrenz örtlicher und anderer auswärtiger Betriebe, keine Aufträge bekommen.[128] Im Hamburger Landgebiet stammte die verlorene Taufe der Allermöher Kirche von Hinrich Klinge.[129] Im heutigen Schleswig-Holstein kommen neben der ehemaligen Herzhorner Glocken in Wöhrden, Oldensworth und Kotzenbüll der Jahre 1453 bis 1467 aus Hermann Klinges Wanderwerkstatt.[130] Der Bremer Kunsthistoriker Johann Focke (1848–1922) schreibt zu diesem Brauch: „Während jetzt die Glockengießereien ihre Produkte weithin sicher versenden können, war im Mittelalter ein längerer Transport der schweren und spröden Glocken bei dem damaligen Zustande der Straßen und der Beförderungsmittel untunlich. Die Kunst des Glockengießens wurde daher, namentlich seit man mit dem Beginn der Gotik größere Glocken herzustellen gelernt hatte, im Umherziehen ausgeübt. Der Meister mußte auf seinem Karren, der ihm, dem Gesellen oder Lehrbuben gewiß oft auch als Schlafstelle zu dienen hatte, außer dem Reisegerät das gesamte Handwerkszeug und wohl auch eine ziemliche Menge von Rohmaterial: Holz, Metall, Lehm, Wachs und Talg unterbringen."[131]

Da die politische Lage in der Kremper- und Wilstermarsch 1471 gespannt war – der Bruder Christians I., Graf Gerhard von Oldenburg, stand auf Seiten der aufsässigen Bauern[132] – und da die Exklave Herzhorn zur Grafschaft Holstein-Pinneberg gehörte, darf man vermuten,

---

127 Robert Noah, Ghert Klinghe, in: Biographisches Lexikon für Ostfriesland, Bd. 1. Aurich 1993, unter: http://www.ostfriesischelandschaft.de/fileadmin/user_upload/BIBLIOTHEK/BLO/Klinghe.pdf (2 S.).

128 Ralph Wiechmann, Glockengiesser in Hamburg, in: Die Kunst des Mittelalters in Hamburg. Aufsätze zur Kunstgeschichte. Hamburg 1999, S. 167–176.

129 Klée Gobert, Renata, Die Bau- und Kunstdenkmale der Freien und Hansestadt Hamburg. Bd. 1. Hamburg 1953, S. 233.

130 Johannes Biernatzki, Uebersicht der Meister, S. 37, Sp. 1; Johann Focke, Die Glockengießer Klinge aus Bremen, in: Jahrbuch der bremischen Sammlungen 2,1 (1909), S. 10–32; dort S. 15; Hans- Christoph Hoffmann, Die Kunstlandschaft zwischen Elbe und Weser vom frühen Mittelalter bis zur Neuzeit, in: Geschichte des Landes, S. 389–517; dort S. 422–424.

131 Focke, Glockengießer, S. 19.

132 Detlefsen, Elbmarschen 2, S. 100–107.

dass der Meister Klinge mit seinen Mitarbeitern eine der schauenburgischen Elbfähren benutzte.[133] Diese brachte den Tross in Wedel oder Blankenese an Land, der dann vermutlich über Uetersen und Elmshorn nach Herzhorn weiterzog. Jene Glocke aus Kirchbarkau allerdings muss zumindest einen Teil der Strecke eigens mit Pferd und Wagen nach Herzhorn überführt worden sein. Die Tatsache, dass Klinge in der Grafschaft Pinneberg arbeitete, ist auch ein Hinweis darauf, dass das politische Verhältnis des Jüngeren Hauses Schauenburg zur Stadt und dem Erzstift Bremen 1471 freundlich oder zumindest neutral war.[134]

Wichtig ist jetzt noch das Folgende: 1471 gab es in Herzhorn Kirchengeschworene (in anderen Gegenden nannte man sie Ältermänner, Kirchenpfleger, Schlüter oder anders). Diese verwalteten als Laiengremium den Baufonds ihres Gotteshauses, die sogenannte fabrica ecclesiae. Diese „Kirchenfabrik" war ein vom Benefizialgut der Pfarrstelle getrenntes Sondervermögen, das sich aus verschiedenen Einnahmequellen speiste. Es gab also wie anderenorts so auch in Herzhorn bereits vor der Reformation eine Beteiligung von Laien an der Kirchspielsverwaltung, die übrigens nicht ohne Konfliktpotential war. Die Erwähnung der Kirchengeschworenen auf der alten Herzhorner Glocke deutet darauf hin, dass diese aus der „Kirchenfabrik" finanziert wurde.[135] Dasselbe können wir für die Glocke aus Kirchbarkau annehmen, die zu dem 1471 dort wirkenden Kirchenpersonal (Patronen, Geistlichen, Geschworenen) noch genauere Angaben enthält. Ein Glockenguss war damals wie die spätere Glockenweihe – das weiß man aus verschiedenen Quellen – ein öffentliches Ereignis, er geschah, wie es in einer Urkunde von 1489 aus dem heutigen Bad Zwischenahn heißt, myt hulpe des gantzen karspels und byddynge der gantzen herscup[136], ins Hochdeutsche übertragen: „mit Unterstützung der ganzen Kirchengemeinde und auf Verlangen der ganzen politischen Gemeinde." Die Aussage bezieht sich auf die Annenglocke, die vermutlich von einem Schüler Gert Klinges stammt und

---

133 *Ehlers, Geschichte und Volkskunde, S. 452–457. Vgl. LAS Urk.-Abt. 3, Nr. 81 (23. 4. 1492), 104 (17. 12. 1520).*

134 *Vgl. Barbara Hellwig, Ghert Klinghe. Ein norddeutscher Erzgießer des 15. Jahrhunderts. Hildesheim 1967, S. 16.*

135 *Bünz, Bauern und ihre Kirche, S. 234–235, 238.*

136 *UB Oldenburg 7, 375 (zit. nach Hellwig, Gert Klinghe, S. 16).*

heute noch vorhanden ist.[137] Die Glockenweihe selbst war als kirchliche Amtshandlung für die Gemeinde gebührenpflichtig.[138]

Es ist auffällig, dass beide Glockenaufschriften den Wunsch enthalten: god geve siner sele rad. Diese alte mittelniederdeutsche Formel, die auf Glocken und Fünten mindestens seit dem frühen 14. Jahrhundert vorkommt,[139] bedeutet in heutigem Deutsch etwa: Gott möge für seine Seele sorgen, Gott möge seiner Seele helfen. Darin kommt die fromme Hoffnung zum Ausdruck, dass das Gießen einer Kirchenglocke als verdienstliches Werk dem Seelenheil des Handwerkers förderlich sein werde.

So interessant das alles ist – streng genommen ist die Überlieferung, dass 1471 in Herzhorn eine Glocke gegossen und in Dienst genommen wurde, bestenfalls ein Indiz dafür, dass das Kirchspiel erst kurz vorher geschaffen worden war. Da der Oldesloer Vertrag, was das Herzhorner Land betrifft, keine Neuerungen brachte, muss die Kirchspielserrichtung irgendwann zwischen 1415 (dem letzten urkundlich eindeutig belegten Lebensjahr der Gräfin Anna von Holstein-Plön) und 1471 erfolgt sein, und zwar in Nachfolge bzw. als Wiedergründung der Pfarrei von Nygenstade. Deswegen deutet die Benutzung dieses Ortsnamens in den Hamburger Kämmereirechnungen noch 1466, aber nicht mehr 1473 bestenfalls darauf hin, dass die Kirche und Pfarreibezirk zwischen 1466 und 1471 entstanden. Aus einem 1465 angelegten Einkünfteverzeichnis des Amtes Steinburg, das damals an Hamburg verpfändet war und von dem vorhin genannten Johannes Huge verwaltet wurde, lässt sich erwartungsgemäß ableiten, dass Sommerland, Grönland und das damalige Außendeichgebiet des untergegangenen Kirchspiels Nygenstade zum Territorium der Grafschaft Holstein-Pinneberg gehörten.[140]

---

137 *Christian Wöbcken, Gerold v. Ohlen, Die St.-Johannes-Kirche in Bad Zwischenahn. Bad Zwischenahn 2005, S. 15: „Im Glockenturm hängen die drei Läuteglocken. Die älteste und größte von ihnen ist St. Anna, gegossen 1489 mit großer Wahrscheinlichkeit von Herman to der Gans, einem Schüler des Bremer Meisters Ghert Klinge.“*

138 *Bünz, Bauern und ihre Kirche, S. 244.*

139 *Focke, Glockengießer, S. 20.*

140 *Detlefsen, Elbmarschen 2, S. 98–100. Vgl. A. Halling, Schloß und Amt Steinburg und seine Amtmänner. Glückstadt 1911, S. 104–105.*

V

Nach 1473 verstummen die Quellen für genau 28 Jahre, bis 1501. Am 28. Juli diesen Jahres geschah auf der landesherrlichen Burg zu Pinneberg einem zeitgenössischen Dokument zufolge etwas Wichtiges: Otto III. (1426–1510) und Johann IV. († 1527) zu Holstein und Schauenburg belehnten den Priester Bernhard Tamme, Kanzler und Notar der Grafen,[141]

myt der karcken unde torbehordinge in deme Harteshorne in unsem orde landes to Holsten belegen, de nu van waters wegen is vorstoret, so dat he des ackers, wiske vnde weyden mach bruken unde de klenade hegen dar tobehorich unde bewaren, dat es nicht vorkomen.[142]

Man kann diese Worte so verstehen, dass der neue Kirchherr des von den Fluten zerstörten Gotteshauses in Herzhorn sein Besitzrecht in dem Sinne wahrnehmen sollte, einen weiteren Verfall des Pfarreigutes zu verhindern. Leider erfahren wir über Art und Umfang dieser Pfründe nichts: Man darf von Ländereien (Hufen) ausgehen, die zum Eigenbedarf bewirtschaftet oder verpachtet wurden, von Einnahmen aus Zehntleistungen, Naturaleinkünften, Opfergaben der Pfarrkinder sowie Gebühren für Amtshandlungen.[143]

Bernhard Tamme und nicht, wie Ehlers schreibt, Hermann Horstius oder Harstius[144] könnte somit der erste namentlich Inhaber der Herzhorner Pfarrstelle gewesen sein. Zugleich erfahren wir, dass die Lan-

---

141 *Vollmers, Hamburger Pfarreien, S. 472; Joachim Stüben, Johann Schomburg – ein schauenburgischer spelebroder als Propst von Uetersen, Dargestellt unter Berücksichtigung der Oberhoheit über das Kloster, in: Pfarrer, Nonnen, Mönche, S. 87–116; dort S. 102 (jeweils mit Quellenangaben).*

142 *NLA – Staatsarchiv Bückeburg L 1 Nr. 10738. Die Handschrift begegnet in mehreren schauenburgischen Schriftquellen des frühen 16. Jahrhunderts.*

143 *Enno Bünz, Pfründenwerte nordelbischer Pfarreien im späten Mittelalter. Zur Bedeutung des Taxus beneficiorum der Hamburger Dompropstei von ca. 1336, in: Vielfalt und Aktualität des Mittelalters. Festschrift für Wolfgang Petke zum 65. Geburtstag. Hrsg. v. Sabine Arend u.a. 2. Aufl. Bielefeld 2007, S. 281–313; dort S. 295.*

144 *Ehlers, Herzhorn 2011, S. 371.*

desherrschaft (und nicht etwa der Hamburger Dompropst)[145] das Patronatsrecht ausübte. Wir sind jetzt auch klüger als Karlheinz Gaasch, der 1953 in Unkenntnis dieser Urkunde von Herzhorn behauptete: „Über den Patronat dieser Parochie ist nichts bekannt."[146]

Was aber beinhaltete das Patronatsrecht? Ich zitiere Enno Bünz und Klaus-Joachim Lorenzen-Schmidt: „Das Patronatsrecht regelte das Besetzungsrecht geistlicher Stellen, die zum Genuß von Benefizien berechtigten. Der Patronat konnte sich auf Pfarrkirchen, Vikarien, Kapellen oder Kommenden beziehen."[147]

Hier liegt auch die strukturelle Verbindung zu jener Kremper Stiftung von 1350, nur dass die Initiative dort nicht von der Landesherrschaft, sondern von Stadtbürgerinnen und -bürgern ausging. In unserer Urkunde heißt es nun weiter:

Wan averst de karcke na deme willen Gades in de ere der hilligen frouwen sunte Annen wedder up dat nie gebuwet warth unde geweyet, szo schal der nement negest wesen men de sulveste Bernhardes de tidt synes levendes eyn besitter wesen unde sick dar nha schicken to dem gadesdeinste, so de fundatie, de me darup makende werth, midt bringet.[148]

Das bedeutet, dass die Wiedererrichtung des Kirchenbaus und die Kirchweihe noch ausstanden, dass Tamme nach Vollzug dieser Maßnahmen ein Benefizium auf Lebenszeit bekommen und dass die noch auszustellende Belehnungsurkunde – das heißt fundatie hier[149] – die Pflicht zum Halten von Gottesdiensten mit sich bringen sollte. Das wiederum heißt, dass das Pfarrbenefizium nach dem zu einem uns unbekannten Zeitpunkt erfolgten Untergang der Kirche neu errichtet

145 Vgl. Detlefsen, Herzhorn, S. 13.
146 Gaasch, Mittelalterliche Pfarrorganisation II, S. 85.
147 Enno Bünz, Klaus-Joachim Lorenzen-Schmidt, Zu den geistlichen Lebenswelten in Holstein, Lauenburg und Lübeck zwischen 1450 und 1540, in: Geistliche Lebenswelten. Zur Sozial- und Mentalitätsgeschichte der Geistlichen in Spätmittelalter und Früher Neuzeit. Hrsg. v. Manfred Jakubowski-Tiessen. Neumünster 2005, S. 11–57; dort S. 23.
148 NLA – Staatsarchiv Bückeburg L 1 Nr. 10738.
149 Vollmers, Hamburger Pfarreien, S. 167, Anm. 754.

und dotiert werden musste. Das war deswegen wichtig, weil nach dem Kirchenrecht mit der Übertragung einer Kirche oder auch eines Altars in einer Kirche das Recht verbunden war, „ein bestimmtes ständiges Einkommen zu beziehen."[150] Zuständig für die Ausstellung des Belehnungsbriefes war der Dompropst oder dessen Stellvertreter bzw. ein von diesem bestellter Notar.[151]

Vorhin war von dem Baufonds der Pfarrei, der fabrica ecclesiae, die Rede. Die Urkunde von 1501 weist auf das Dotalgut für den Pfarrer. Dass beides getrennt war, geht aus dem Wewelsflether Kirchenmissal hervor, laut dem die dortigen Wilhadsäcker 1464 teils der Bauunterhaltung, teils der Präbende für den Pleban dienten.[152] Vermutlich gehört der am 25. 7. 1501 zwischen Otto III. und Johann IV. zu Holstein und Schauenburg und dem herzoglich holsteinischen Amtmann auf der Steinburg Detlev v. Wahlstorp geschlossene Vertrag zu gemeinschaftlichen Deichbaumaßnahmen in diesen Zusammenhang.[153] Man kann das Vereinbarte so deuten, dass schon 1501 oder wenig später der Versuch unternommen wurde, den Spleth oder die Splethe[154] zu überdeichen. Der Anstoß an den Bielenberger Deich war schon damals möglich, weil die Kollmarer Marsch bereits zwischen 1475 und 1496 deichfest gemacht worden war.[155] Welche Sturmflut für die Zerstörung der ersten Herzhorner Annenkirche verantwortlich war, kann man aufgrund der – ja leider oft ungenauen und widersprüchlichen – Quellenangaben nicht genau sagen. Eine Möglichkeit ist die „verderbliche Ueberschwemmung",[156] die in den ältesten Zeugnissen auf den 14. September 1491 (Fest der Kreuzeserhöhung) datiert ist:

150 Ebd., S. 166.

151 Vgl. Gaasch, Mittelalterliche Pfarrorganisation II, S. 85.

152 Ibs, Pest in Schleswig-Holstein, S. 101. Der hl. Willehad ist der Patron der Wewelsflether Kirche.

153 LAS Abt. 3, Nr. 351, Bl. 176. Vgl. Halling, Schloß und Amt Steinburg, S. 107–108.

154 Im Mittelniederdeutschen gab es möglicherweise beide Formen: August Lübben/ Christoph Walther, Mittelniederdeutsches Handwörterbuch. Leipzig 1888 (Ndr. Darmstadt 1995), S. 369, Sp. 1. Vgl. Detlefsen, Herzhorn, S. 7, Anm. 2.

155 Ehlers, Herzhorn 2011, S. 47–48.

156 Kuß, Jahrbuch denkwürdiger Naturereignisse 1, S. 52.

Dar na in des hillygen crutzes dage vor Michaelis was so grot stormwynt vnde water, dat alle merßlande inbreken vnde dat, ßo do ghemeiget was, dref enwech, dat quik [Vieh] vordrank.[157] Anno 1491 was so grot wynt vnd storm yn der nacht Exaltationis crucis, so dat yn den mersklanden dat korn wech dref, dat dar gemeyet was.[158]

Lappenberg bezeichnet diese Naturkatastrophe, die auch den Billwerder traf, als „der ganzen Elb- und Nordseeküste verderbliche hohe Fluth mit starkem Sturmwinde."[159] Wenn meine Vermutung zutrifft, war die Herzhorner Pfarrei 1501 zehn Jahre lang verwaist. Wie wir noch sehen werden, ist das durchaus denkbar.

Des Weiteren ist festzuhalten, dass hier der älteste Nachweis dafür vorliegt, dass Herzhorn eine Annenkirche hatte, wie ja das heute anscheinend verschollene Kirchensiegel nahelegt, auf dem Anna, Maria und das Jesuskind zu sehen sind.[160] Es liegt diejenige Bildvariante vor, die Jesus als Kind und Maria als junge Frau zeigt.[161] Die Umschrift und die Ikonographie des Siegelbildes wirken so mittelalterlich, dass, sollte die Datierung auf 1552 richtig sein, vermutlich die Nachbildung eines älteren Typars anzunehmen ist.[162]

Leider wissen wir nicht, wann Tamme starb. Für 1508 taucht er in einem Visitationsbericht als Inhaber einer Kommende am Altar der hl. Apollonia in der Hamburger Petrikirche auf.[163]

Als Zeugen jener Übertragung auf der Pinneberger Burg werden der Hamburger Domherr Arnold Vaget genannt, der auch aus mehreren anderen Quellen bekannt ist und u.a. von 1503 bis 1506 als Propst des

157 *Hamburger Chroniken in niedersächsischer Sprache, S. 262.*
158 *Ebd., S. 413.*
159 *Johann Martin Lappenberg, Die Elbkarte des Melchior Lorichs vom Jahre 1568. Hamburg 1847, S. 32.*
160 *Ehlers, Herzhorn 2011, S. 327. Abgebildet ebd. auf dem Vorderdeckel des Verlagseinbandes u. S. 451.*
161 *Otto Wimmer, Kennzeichen und Attribute der Heiligen. Völlig neu bearbeitet v. Barbara Knoflach-Zingerle. Innsbruck, Wien 1995, S. 87.*
162 *Vgl. Detlefsen, Elbmarschen 2, S. 120.*
163 *Das Visitationsbuch der Hamburger Kirchen 1508, 1521, 1525. Hrsg. v. Erich Keyser. Bearbeitet v. Helga-Maria Kühn. Hamburg 1970, S. 71.*

Uetersener Klosters amtierte,[164] Heinrich Bradenstael, 1494 Kaplan der Grafen und in dieser Eigenschaft vermutlich Vikar in der Pinneberger Burgkapelle, 1522 Gründer und Inhaber einer Vikarie in der Hamburger Katharinenkirche,[165] außerdem die Brüder Gerd und Hinrich von Wettbergen. Die Letzteren waren Mitglieder einer Niederadelsfamilie im Schauenburgischen.[166] Gerd wurde 1492 von Otto III. in der Grafschaft Schauenburg belehnt,[167] war bis wenigstens 1494 Amtmann in Barmstedt[168] und 1485 an dem Rückkauf des Griesenwerders als Vertreter der Schauenburger Grafen beteiligt.[169] Hinrich stand mindestens zwischen 1481 und 1497 als Stadthauptmann (capitaneus) in hamburgischen Diensten.[170] Da der einheimische Niederadel untergegangen oder abgewandert war – eine Ausnahme bildet die Familie v. Heest, die für die Zeit um 1500 noch nachweisbar ist –,[171] griffen die Schauenburger für Verwaltungsstellen auf Niederadelige aus ihren Stammlanden zurück.[172] Der eben genannte Bradenstael begegnet in einer 2010 veröffentlichten Liste der Herzhorner Geistlichen an erster Stelle mit der Amtszeit „1501–1512."[173] Woher diese Angabe stammt, ist mir nicht

164 *Stüben, Johann Schomburg, S. 101–105 (mit Quellen- und Literaturbelegen)*

165 *LAS Urk.-Abt. 3, Nr. 427 (20. 6. 1494); Vollmers, Hamburger Pfarreien, S. 598 (mit Quellenbelegen).*

166 *UB Möllenbeck 3, S. 135, Sp. 1; UB Hameln 1, S. 729, Sp. 1; UB Hameln 2, S. 781.*

167 *Landesarchiv Nordrhein-Westfalen, Abt. Westfalen, Bestand Fürstentum u. Domkapitel Minden, Nr. 348 a (24. 9. 1492), digital unter http://www.westfaelische-geschichte.de/que60961.*

168 *LAS Urk.-Abt. 3, Nr. 427 (20. 6. 1494); Risch, Grafschaft Holstein-Pinneberg, S. 398, Anm. 1.*

169 *HKR 3, 503.*

170 *HKR 3, 442–443, 445; 4, 361, Z. 4. Weitere Belege HKR 9, 156 (Personenregister).*

171 *Z.B. LAS Urk.-Abt. 122, Nr. 33 (25. 7. 1505).*

172 *Bei der Wieden, Grafen von Holstein(-Pinneberg) und Schaumburg, S. 393.*

173 *Friedrich Kleine, Herbert Frauen, Klaus Gremnitz, Junge Kirche auf alter Warft, in: Herzhorn. Mosaiksteine zur Geschichte eines Ortes. Hrsg. vom Chronik- und Heimatverband für die Gemeinden Engelbrechtsche Wildnis und Herzhorn. Bd. 2. Itzehoe 2010, S. 39–43; dort S. 43, Sp. 1.*

bekannt. Sie ist nicht abwegig: Bradenstael könnte die Pfründe z.B. für Tamme gegen einen Anteil an den Intraden verwaltet haben.

Leider trägt die Übertragungsurkunde von 1501 kein Originalsiegel und ist in eher flüchtiger Handschrift ausgefertigt. Daher hielt sie der Uetersener Pastor und Regionalkirchenhistoriker Erwin Freytag (1900–1987), der sie 1965 im Staatsarchiv Bückeburg entdeckte, für ein Konzept.[174] Mit gleichem Recht könnte man in dem Dokument aber eine Abschrift sehen, wie viele ähnliche Schriftstücke aus dem 16. Jahrhundert im Landesarchiv Schleswig-Holstein beweisen, die Belange der Grafschaft Holstein-Pinneberg betreffen.

Jetzt noch einmal zurück zu der Schutzheiligen, dem Patrozinium: Die Verehrung der hl. Anna, ihr Fest wird gewöhnlich am 26. Juli gefeiert,[175] hatte jedenfalls im Spätmittelalter im Zuge der gesteigerten Marienverehrung erheblich zugenommen. So schreibt die Kirchenhistorikerin Angelika Dörfler-Dierken: „Die Verehrung der Großmutter Jesu gehört zu den auffälligsten Erscheinungen des religiösen Lebens vor der Reformation."[176] Dieser Kult verbreitete sich im späten 15. Jahrhundert über die Maßen, so dass eine seinerzeit hochaktuelle Heilige zur Reliquien- und Namensgeberin einer ländlichen Pfarrkirche in Südwestholstein wurde. Annas Vita enthält einzigartige Merkwürdigkeiten, z.B. die, dass sie dreimal verheiratet gewesen sei und drei Töchter namens Maria bekommen habe.[177] Man liest häufig, Anna sei die Schutzherrin der Bergleute gewesen – man denke an Luthers angebliches Gelübde 1505 im Gewitter bei Stotternheim: Hilff du, Sanct Anna, ich wil ein monch werden[178] –, doch trifft das nicht zu und wäre für Herzhorn auch nicht einleuchtend. Jedoch lässt sich aus Annas Legende, die gerade um 1500 durch den Buchdruck weitere Verbreitung fand, ableiten, dass die-

---

174 *Erwin Freytag, Die Reformation in der Grafschaft Holstein-Pinneberg, in: Schleswig-Holsteinische Kirchengeschichte. Herausgegeben vom Verein für Schleswig-Holsteinische Kirchengeschichte. Bd. 3. Neumünster 1982, S. 227–239; dort S. 237–238, Anm. 2.*

175 *Angelika Dörfler-Dierken, Die Verehrung der heiligen Anna in Spätmittelalter und früher Neuzeit. Göttingen 1992, S. 67–74.*

176 *Ebd., S. 13.*

177 *Ebd., S. 14–15.*

178 *Zitiert ebd., S. 21, Anm. 23.*

se Heilige vor Verlust von Hab und Gut sowie ansteckenden Krankheiten schützen sollte.[179] Das passt wegen der damaligen Verbreitung dieser Widrigkeiten auch an der Unterelbe, die vielfach in Quellen bezeugt ist,[180] schon besser. So grassierte die Pest vielleicht 1430 und gewiss 1538 wieder in Krempe.[181] Für 1448 ist sie für das nahe Wewelsfleth belegt, wo sie – wie 1350 in Krempe – eine fromme Stiftung im Gefolge hatte.[182]

Wo finden wir nun in der näheren und weiteren Umgebung Herzhorns andere heilige Stätten der Marienmutter? Zuerst ist die Kirchengemeinde St. Annen in Norderdithmarschen zu nennen. Diese geht zurück auf eine Kapelle, die wohl 1491 in Bösbüttel bei Lunden errichtet wurde.[183] An der Kirche des Prämonstratenserstifts St. Georg in Stade gab es eine Fraternität der hl. Anna, der ein Stader Bürger 1507 ein Wohngebäudegrundstück vermachte.[184] 1511 wurde von Ölgard Rantzau eine Kommende (Kleinpfründe) zu Ehren der hl. Anna und anderer Heiliger gestiftet und der Vikarie der hl. Anna an dem Altar der Heiligen Dreifaltigkeit in der Laurentiikirche zu Itzehoe inkorporiert. Der künftige Inhaber der Pfründe sollte jeden zweiten Dienstag eine Annenmesse und jeden zweiten Sonnabend eine Marienmesse lesen.[185] Außerdem gab es in Hamburg mehrere Annenbruderschaften und -kapellen, u.a. an der Petrikirche, an der jener Bernhard Tamme bepfründet war. Die Quellenbelege datieren zwischen 1492 und 1513. Interessanterweise waren die Mitglieder der Hamburger Annenbruderschaften großenteils Fischer und Seeleute mit ihren Familien.[186] Ob das den Schluss

---

179 *Marlies Buchholz, Anna selbdritt. Bilder einer wirkungsmächtigen Heiligen. Königstein im Taunus 2005, S. 35–36.*

180 *Ibs, Pest in Schleswig-Holstein, S. 86–129 (umfasst den Zeitraum von ca. 1350 bis 1548).*

181 *Ebd., S. 112, 128.*

182 *Ebd., S. 116, 179.*

183 *UB KG Dith, S. 176, Anm. 19; Bünz/ Lorenzen-Schmidt, Lebenswelten, S. 19.*

184 *UB St. Georg 512; Angelika Dörfler-Dierken, Vorreformatorische Bruderschaften der hl. Anna. Heidelberg 1992 (Abhandlungen der Heidelberger Akademie der Wissenschaften. Philosophisch-historische Klasse, Jg. 1992, 3. Abhandlung), S. 159.*

185 *SHRU 9, 107 (6. 8. 1511).*

186 *Dörfler-Dierken, Vorreformatorische Bruderschaften, S. 100–101.*

auf eine berufszweigspezifische Bevorzugung dieser Heiligen für die Niederelberegion zulässt, wäre zu diskutieren. Man darf in diesem Zusammenhang Bremen nicht vergessen, wo es bereits 1338 (vielleicht sogar schon 1328) am Dom eine fraternitas sancte Anne, einen Kaland (also eine Vereinigung von Priestern mit assoziierten nichtgeistlichen Mitgliedern) gab. Außerdem bestand eine Annenbruderschaft von 1481 an St. Anscharii und eine von 1496 an St. Martini, wo wiederum schon für 1407 einen Annenaltar nachgewiesen ist.[187] Man sieht, dass das Annenpatrozinium Herzhorns um 1500 en vogue war. Bei den durchweg älteren Kirchen der Hamburger Dompropstei findet sich kein Annenpatrozinium.[188] Das Retabel der Heiligen Sippe, also Annas und ihrer Nachkommenschaft, im Kloster Preetz stammt aus dem Jahrzehnt zwischen 1510 und 1520.[189] Es ist denkbar, dass es einst in der Herzhorner Kirche etwas Vergleichbares gab.

Glücklicherweise ist ein zeitgenössisches gedrucktes Messbuch von 1509 in einigen Exemplaren überkommen, das in der gesamten Hamburger Dompropstei und damit auch in Herzhorn Gültigkeit hatte: die von dem damaligen Domdekan Albert Krantz (1448–1517) herausgegebene „Messordnung nach dem Ritus der löblichen Hamburger Kirche" (Ordo missalis secundum ritum laudabilis ecclesie Hamburgensis).[190] Das Exemplar in der Nordkirchenbibliothek in Altona, das ich herangezogen habe, stammt aus Nienstedten. Dieser Kirchort gehörte damals wie Herzhorn zur Grafschaft Holstein-Pinneberg und zur Hamburger Dompropstei. Sieht man im regionalen Heiligenkalender nach, der am Anfang des Missales steht, so findet sich für den 26. Juli das Fest „der Anna, Mutter Mariens" (Annae Matris Mariae).[191] Aus dem von Herzhorn nicht sehr weit entfernten Kloster Uetersen hat sich ein Einzelblatt

---

187 *Ebd., S. 69–72 (mit Quellenbelegen).*

188 *Bünz, Pfründenwerte, S. 309–313. Vgl. Klaus-Joachim Lorenzen-Schmidt, Patrozinien in den holsteinischen Elbmarschen, in: Vorträge der Detlefsen-Gesellschaft 6 (2003), S. 7–16; dort S. 10.*

189 *Buchholz, Anna selbdritt, S. 4–14.*

190 *Ulrich Andermann, Albert Krantz. Wissenschaft und Historiographie um 1500. Weimar 1999 (Forschungen zur mittelalterlichen Geschichte 38), S. 126.*

191 *[Nicolaus Wilckens,] Leben des berühmten ... Alberti Crantzii, welchem beygefüget ist sein Defensorium Ecclesiae ... von 1514. Ingleichen Ein Heiligen-*

aus einem Antiphonar erhalten, das sich auf das Annenfest am 26. Juli bezieht.[192]

Da wir einen landesherrlichen Patronat in Herzhorn um 1500 voraussetzen dürfen, fragt sich, ob die Vertreter des Jüngeren Hauses Schauenburg eine besondere Neigung zu dieser Heiligen hatten. Das ist schwer zu beantworten. Quellenmäßig belegt sind Bruderschaften der hl. Anna in den schauenburgischen Stammlanden 1506 am Annenaltar der Pfarrkirche in Obernkirchen und 1512 in Stadthagen (vermutlich an St. Martini), dem damaligen Hauptregierungssitz des Jüngeren Hauses Schauenburg.[193] Der Graf Anton zu Holstein und Schauenburg († 1526) war in zweiter Ehe seit 1496 mit einer Anna v. Schönburg († 1533) verheiratet.[194] Denselben Namen trug übrigens die schon erwähnte Gemahlin Adolfs IX. von Holstein-Plön. Aber das sind nur Einzelbefunde. Für eine genauere Beurteilung müsste man mehr über die Kultpolitik der Schauenburger wissen.

VI

Es ist möglich, dass die Herzhorner Kirche bald nach dem 28. 7. 1501 wiedererrichtet wurde und nicht erst 1521, wie Freytag meint.[195] Die sogenannte Gallusflut vom 16. 10. 1501[196] kann nicht die Ursache des Untergangs der Herzhorner Kirche gewesen sein, es sei denn, jene wäre falsch datiert. Urkundlich nachgewiesen ist der Untergang irgendwann vor dem 28. 7. 1501, wahrscheinlich bei der erwähnten Sturmflut vom 14. 9. 1491, die durch chronikalische Quellen belegt ist.

Auf jeden Fall falsch ist die Angabe des Altonaer Superintendenten Johann Adrian Bolten (1742–1807), „daß die hiesige Gemeine im J.

Calender aus dem Missal desselben Crantzii, gedruckt zu Straßburg Anno 1509. 2. Aufl. Hamburg 1729, S. 133, Sp. 2.

192 *Joachim Stüben, Zur Geschichte des Klosters Uetersen bis zur Reformation, in: Vorträge der Detlefsen-Gesellschaft 15 (2012), S. 1–27; dort S. 20.*

193 *Dörfler-Dierken, Vorreformatorische Bruderschaften, S. 144, 159.*

194 *Bei der Wieden, Schaumburgische Genealogie, S. 127; ders., Grafen von Holstein(-Pinneberg) und Schaumburg, S. 402.*

195 *So Freytag, Reformation in der Grafschaft Holstein-Pinneberg, S. 228.*

196 *Nach Kuß, Jahrbuch denkwürdiger Naturereignisse 1, S. 55.*

1504 in einer Wasserfluth fast ganz vergangen, auch damals die hiesige Kirche zu Grunde gerichtet und durch fremde Unterstützung wieder hergestellet"[197] worden sei. Das erkannte schon Kuß, da die Urkunde, auf die Bolten sich bezieht und die wir noch behandeln werden, 1514 ausgestellt wurde. Kuß bezieht das Ereignis daher auf eine spätere Zeitspanne. Zwischen 1508 und 1511 suchten mehrere Sturmfluten die Nordseeküste[198] und das Niederelbegebiet heim. Sie richteten z.B. auf der Norderseite des Finkenwerders schwere Schäden an.[199] Von ihnen berichten der Herzhorner Pastor Heinrich Rosenbohm († 1608) und der Moorhufer Bauer Daniel Scharmer (1727–1801) in ihren chronikalischen Aufzeichnungen.[200]

Die Feinchronologie ist allerdings, wie so häufig bei lokalgeschichtlichen Quellen, nicht klar. Jedenfalls veranlasste der prekäre Zustand der Deiche in der Krempermarsch energische Schutzmaßnahmen, wie sich einem Dokument von 1509 entnehmen lässt. Ziel war die Bedeichung des Spleths und des Nienfeldes.[201] Die Vollendung der diesbezüglichen Arbeiten ist auf den 24. 6. 1511 datiert.[202] Sie führten zu einer nachhaltigen Deichsicherung, die 1514 schon drei Jahre zurücklag. Dazu führt Klaus-Joachim Lorenzen-Schmidt aus: „Schon 1511 war ... der Deich vom Kamerlander Deich bei der Lesigfelder Schleuse bis an den Bielenberger Deich geschlagen worden, und zwar unter mühevoller Überdeichung des Spleths. Damit waren Herzhorn und Moorhufen sowie die Siedlung zwischen beiden, das Mittelfeld, in Deichschutz genommen.

197 *Johann Adrian Bolten, Historische Kirchen-Nachrichten von der Stadt Altona und deren verschiedenen Religions-Partheyen, von der Herrschaft Pinneberg und von der Grafschaft Rantzau. 2. Bd. Altona 1791, S. 335.*

198 *Anton Heimreich, Nord-Fresische Chronick/ Darin von denen dem Schleßwigischen Hertzogthum incorporirten Fresischen Landschafften wird berichtet. Schleswig 1666 (Ndr. Zwickau 1926), S. 207: „Deßgleichen ist An. 1508. auff S. Briccæ Tag [13.11.]; und An. 1509. am Tage S. Nicolai [6.12.]; und An. 1511. auff S. Magni Tag [6.9.] / wieder eine hohe Fluth ergangen ..."*

199 *Finder, Die Elbinsel Finkenwärder, S. 18–19.*

200 *Kuß, Jahrbuch denkwürdiger Naturereignisse 1, S. 58–61; Detlefsen, Elbmarschen 1, S. 13; Ehlers, Herzhorn 2011, S. 1, 2, 5.*

201 *LAS Urk.-Abt. 3, Nr. 399, Bl. 1 (1509).*

202 *Scharmer u. Rosenbohm bei Ehlers, Herzhorn 2011, S. 47, 48, 167.*

Der Spleth wurde durch den Deichbau nach Norden gelenkt und nahe der Kirche mittelst einer Schleuse durch den Deich geführt. Auch der Schleuer musste durch den Deich geführt werden, was mit einer Schleuse ohne größere Mühe geschehen konnte."[203]

Für diesen neuen Schutzwall waren, wie man einer Schlichtungsvereinbarung zwischen dem Pinneberger Drost und dem Steinburger Amtmann von 1513 entnehmen kann, nicht nur die gräflich-pinnebergischen Herzhorner, Grönländer und Sommerländer, sondern auch die herzoglich-holsteinischen Kamerländer und Lesigfelder deichpflichtig.[204] Es ist somit sehr wahrscheinlich, dass die Herzhorner Kirche vor den Deichbauarbeiten von 1511 schon einmal neu errichtet wurde und dann wieder unterging. Eindeutig beweisen lässt es sich nicht, weil keine Gewissheit über den Charakter und die Rechtsfolgen jener gräflichen Verfügungsurkunde von 1501 besteht.

Am 6. Mai 1514 stellt Henning Moller, Kantor und Kanoniker im Kollegiatstift St. Marien vor Einbeck[205] sowie Generaloffizial (allgemeiner Stellvertreter) des damaligen Hamburger Dompropstes Joachim v. Klitzing († 1539)[206] einen Kollektenbrief zugunsten der Wiedererrichtung der Herzhorner Kirche aus. Das Original dieses wichtigen Dokuments befand sich um 1750 noch im Herzhorner Pfarrarchiv, wo der Borsflether Pastor und Altertumsforscher Johann Friedrich Noodt (1705–1756) glücklicherweise eine Abschrift anfertigte. Diese ist in zwei leicht voneinander abweichenden Fassungen überkommen. Da ich die Pergamenturkunde nicht mehr ausfindig machen konnte, muss ich mich mit den (anscheinend nicht ganz fehlerfreien) Transkriptionen begnügen. Moller, der interessanterweise im selben Jahre zu Lunden einen Vertrag

---

203 *Lorenzen-Schmidt, Ein kurzer Gang, S. 10.*

204 *Ehlers, Herzhorn 2011, S. 49.*

205 *Edgar Müller, Einbeck – Kollegiatstift St. Marien (ca. 1203 bis 1848/63), in: Niedersächsisches Klosterbuch. Verzeichnis der Klöster, Stifte, Kommenden und Beginenhäuser in Niedersachsen und Bremen von den Anfängen bis 1810. Hrsg. v. Josef Dolle unter Mitarbeit von Dennis Knochenhauer. Tl. 1. Bielefeld 2012 S. 372–376.*

206 *Wilhelm Jensen, Das Hamburger Domkapitel und die Reformation. Hamburg 1961, S. 447, Sp. 2 (Register).*

über den Unterhalt der Annenkapelle in Bösbüttel genehmigt,[207] verpflichtet in seiner Eigenschaft als loci ordinarius, d.h. als Vertreter und Vollstrecker der kirchlichen Jurisdiktionsgewalt, die gesamte Geistlichkeit des Hamburger Domsprengels auf Pfarr- und Unterpfarrebene mit Hinweis auf die geistliche Gehorsampflicht bei angedrohter Strafe der Exkommunikation dazu, den Wiederaufbau des Herzhorner Gotteshauses „zu Ehren der heiligen Anna, der Mutter der allseligen Jungfrau Maria" (in honorem sancte Anne, matris beatissime viriginis Marie) dadurch zu fördern, dass sie den zu diesem Zwecke ausgesandten Spendensammler an ihren Kirchen und Kapellen freundlich gewähren lassen, ohne einen eigenen Anteil zu fordern. Als Gegenleistung, so heißt es offiziell weiter, werden die Kleriker „ohne Zweifel von dem, der alle guten Werke vergilt, die Belohnung ewiger Vergeltung erhalten" (premium eterne retributionis ab omnium bonorum remuneratore indubie recepturi). Diese Anordnung, so heißt es abschließend, werde mindestens ein Jahr Geltung haben.[208] Die Kollekte soll also mit der härtesten kirchlichen Zensur durchgeführt werden. Offenbar weiß der Offizial nur zu gut, dass dieses, modern gesprochen, Fundraising die Spenden der Pfarrkinder in einen anderen Geldbeutel als in die der Ortsgeistlichen lenken wird, die ja überdies noch Abgaben an ihre geistliche Obrigkeit zu entrichten hatten – und von dieser kam wiederum kam ja der Kollektenbefehl.

207 *UB KG Dith, Nr. 21, S. 46. Wie im Herzhorner Kollektenbrief hat Joachim Busse seine notarielle Beglaubigung hinzugesetzt. Moller begegnet in mehreren Quellen der Jahre 1511 bis 1514 (z. B. SHRU 9, 107). Siehe dazu ergänzend den entsprechenden Eintrag in der Datenbank „Hamburger Persönlichkeiten" unter: www.hamburgerpersoenlichkeiten.de/hamburgerpersoenlichkeiten/login/person.asp.*

208 *Beiträge zur Erläuterung der Civil- Kirchen- und Gelehrten Historie der Herzogthümer Schleswig und Hollstein. Hrsg. v. Johann Friedrich Noodt. Bd. 2, Stück 1. Hamburg: Piscator, 1752, S. 120–121 (Nr. 11). Der Herausgeber bemerkt ebd., S. 120: „Das Original dieser Urkunde, auf Pergament geschrieben, ist annoch bei der Herzhorner Kirche befindlich, und nach demselben diese Copei von mir genommen." Eine etwas abweichende Abschrift findet sich bei Bolten, Historische Kirchen-Nachrichten 2, S. 335-337, Anm. 235.*

Die Urkunde enthält aber noch mehr interessante Angaben, die bis jetzt nicht gebührlich beachtet worden sind: Moller stellt unter formelhafter Berufung auf einen „wahrheitsgetreuen Bericht" (veridica relatio) sowie die „tägliche Erfahrung" (cottidiana experientia) fest: Die Herzhorner Pfarrkirche wurde „zu bestimmten vergangenen und verflossenen Zeiten" (certis retroactis et effluxis temporibus) mit fast dem gesamten Kirchspiel durch Überschwemmung und Überflutung ganz und gar zerstört und ist es noch immer. Das hat dazu geführt, dass nur wenigen Eingepfarrten ein Ort zum Wohnen geblieben ist. Eher mit göttlicher als mit menschlicher Unterstützung, so fährt Moller sinngemäß fort, haben die Gemeindemitglieder ihren Pfarrbezirk mit Entwässerungsgräben und Deichen gesichert und begehren nun, ihr Gotteshaus neu zu errichten. Dafür „stehen aber keine eigenen Mittel zur Verfügung" (proprie facultates non suppetunt).[209] Damit ist der Anschluss an das zuerst Ausgeführte erreicht: Daher also die Sammelaktion, die einen mittelbaren Verlust für Kirchherren, stellvertretende Kirchherren, Pfarrvikare, Kapläne, Vikare und Altaristen bedeutet. Man darf annehmen, dass der pröpstliche Beamte Moller und der mitzeichnende Notar Joachim Busse, der auch Domherr in Lebus war,[210] die Zustände vor Ort auf ihren Reisen durch den Propsteibezirk kennengelernt haben. Auffällig ist indessen, dass den Spendern nicht, wie sonst allgemein üblich, ein vierzigtägiger Ablass in Aussicht gestellt wird. Möglicherweise soll das noch in einem besonderen Kollektenpatent geschehen, oder aber die Quadragene wird stillschweigend vorausgesetzt.

Es ergeben sich nun die folgenden Schlüsse:

1. Das Herzhorner Kirchengebäude wurde vor 1514 vielleicht zweimal Opfer der Fluten, und zwar zum ersten Mal um 1500 (1491?), zum zweiten Mal zwischen 1508 und 1511.

2. Die Patronin der Kirche war mindestens seit 1501 (vermutlich schon seit der Kirchspielsgründung) die hl. Anna.

3. Das Recht zur Übertragung der Pfarrpfründe und Besetzung der Pfarrstelle lag 1501 beim Jüngeren Haus Schauenburg.

4. Die Lage des ersten (und zweiten?) Kirchengebäudes geht aus diesen frühen Quellen nicht eindeutig hervor. Der Literatur lässt sich

---

209 *Beiträge zur Erläuterung, S. 120–121.*

210 *Jensen, Hamburger Domkapitel, S. 445, Sp. 2 (Register).*

entnehmen, dass es bis 1501 bzw. 1510/11 auf einer Warft im Außendeichgebiet stand.[211]

5. Die in späteren Chroniken belegten Bedeichungsmaßnahmen von 1511 bekommen mit dem Kollektenbrief einen zusätzlichen, allerdings nicht datierenden, dafür aber zeitnäheren Quellenbeleg.

6. Die Kirchspielsleute, vertreten durch die Kirchgeschworenen, in Spätmittelalter und früher Neuzeit wie offenbar in Herzhorn häufig die treibenden Kräfte beim Errichten bzw. Erweitern von Sakralgebäuden, waren nach den Deichbauarbeiten von 1511 nicht mehr in der Lage, den Kirchbau aus eigenen Mitteln zu bestreiten. D.h., der Baufonds war erschöpft und Sondermittel von den ihrer Wohnstätten weitgehend beraubten Gemeindemitglieder nicht mehr einzuwerben.

7. Die geistliche Jurisdiktion lag 1514 (und gewiss schon vorher) beim Hamburger Dompropst, zu dessen Sprengel die Pfarrei Herzhorn gehörte.

8. Henning Moller und Joachim Busse waren typische spätmittelalterliche Geistliche, da sie mehrere Pfründen zugleich hatten.

Der letzte Punkt ist für die Geschichte Herzhorns insofern wichtig, als der besagte Bernhard Tamme als gräflicher Beamter in Pinneberg, als Altarist in Hamburg und vielleicht als Pfarrer in Herzhorn mehrere Ämter in seiner Person vereinigte, die er gewiss teilweise durch Vertreter ausüben ließ.[212] Bünz nennt dieses Phänomen, für das es neben persönlichen Motiven wie Macht- oder Habgier auch einen handfesten ökonomischen Grund gab (nämlich den schleichenden Wertverlust des Geldes im Spätmittelalter), „Pfründenpluralismus."[213]

Dass die untergegangene Kirche erst nach dem 6. 5. 1514 (nach späterer Überlieferung 1521, s.u.) neu gebaut wurde, ist angesichts der übrigen Quellenbefunde nicht gewiss. Der Hinweis auf den Verlust der Wohnstätten wirft die Frage auf, wo die Mehrzahl der Herzhorner 1514 ihre Bleibe hatte und wo die Herzhorner mindestens drei, längstens aber zwanzig Jahre (!) geistlich versorgt wurden. Vielleicht hat Moller auch übertrieben, um der – ohne Zweifel aufrichtigen – Sammelaktion Nach-

---

211 *Lorenzen-Schmidt, Ein kurzer Gang, S. 10, Sp. 1.*
212 *Bünz/ Lorenzen-Schmidt, Lebenswelten, S. 36–41.*
213 *Bünz, Pfründenwerte, S. 281.*

druck zu verleihen. Bleibt nachzutragen, dass die Kirchgeschworenen in solchen Fällen oft selbst als Spendensammler tätig waren und dass die Dompropstei für das Mandat an ihre Geistlichen eine Gebühr erhob.[214]

VII

Die Reformation wurde in den nordelbischen Gebieten offiziell in Hamburg 1529 eingeführt, in dem freibäuerlichen Gemeinwesen Dithmarschen 1533, im Herzogtum Holstein 1542 und 1561 in der Grafschaft Holstein-Pinneberg, zwei Jahre später als in der Grafschaft Schauenburg.[215] Rosenbohms Aufzeichnungen zufolge erfolgte am 23. Januar 1561 in Pinneberg die Verpflichtung der (offenbar sämtlich schon evangelischen) Geistlichen der Grafschaft auf die Mecklenburgische Kirchenordnung von 1552.[216] Somit dürfte die Reformation in der Herrschaft Herzhorn als Teil der Grafschaft Holstein-Pinneberg nicht mehr Gegenstand meines Vortrags sein, der nur die Zeit bis 1542 behandelt. Die Sache ist indessen komplizierter: Der Übergang zum lutherischen Bekenntnis vollzog sich nicht in einmaligen landesherrlichen Verfügungen oder Beschlüssen, sondern Schritt für Schritt. Als in den frühen 1520er Jahren die ersten Prediger des neuen Glaubens in der Hansestadt auftraten,[217] verbreitete sich die Kunde davon schnell im Hamburger Umland. Die diesbezüglichen Quellen stammen allerdings aus späterer Zeit, als sich das lutherische Kirchenwesen schon fest etabliert

---

214 *Bünz, Bauern und ihre Kirche, S. 244.*

215 *Bernhard Theilig, Die Reformation in den Gemeinden der heutigen Propstei Rantzau, in: SVSHKG II, 25 (1969), S. 32–56; dort, S. 32, 55–56; Erwin Freytag, Reformation in der Grafschaft Holstein-Pinneberg, S. 234–237; Helge Bei der Wieden, Die Grafschaft Schaumburg zwischen den Konfessionen in der frühen Neuzeit, in: Jahrbuch der Gesellschaft für Niedersächsische Kirchengeschichte 100 (2002), S. 21–42; dort S. 21–23.*

216 *Erwin Freytag, Die politisch-kirchliche Sonderstellung der schauenburgisch-pinnebergischen Grafschaft Holstein seit dem 15. Jahrhundert, in: SVSHKG II, 28 (1972), S. 73–88; dort S. 81; Ehlers, Herzhorn 2011, S. 52.*

217 *Rainer Postel, Die Reformation in Hamburg 1517–1528. Gütersloh 1986, S. 148–157.*

hatte.[218] Trotzdem lässt sich ausmachen, dass in der Umgegend Herzhorns schon relativ früh Reformprediger gewirkt haben müssen. Der frühere Barmstedter Pastor Bernhard Theilig schreibt dazu: „Wir haben keine Kenntnis von den Anfängen evangelischer Predigt in dieser [der Herzhorner] Kirche. Doch wird für die Herzhorner nicht ohne Einfluß geblieben sein, daß in dem nahen Süderau schon ab 1522 Johann Bockholt unter großem Zulauf die neue Lehre verkündigt hat."[219]

Hier ist Vorsicht geboten: Ob Geistliche wie Bockholt reformkatholisch oder reformatorisch gesonnen waren, ist nicht zu beantworten. Deswegen bevorzuge ich die Bezeichnung ‚Reformprediger'. Die Übergänge waren – wie in allen nachhaltigen gesellschaftlichen Veränderungsprozessen – fließend, und es gab auch Kleriker wie den Kremper und nachmaligen Hamburger Pfarrer Joachim Vischbeke, der lutherisch und später wieder altgläubig wurde, oder solche, die der katholischen Lehre treu blieben, wie der Hamburger Domherr Nicolaus Bustorp († 1540)[220] oder der Domprediger Friedrich Vulgreve, der Priester auf der Burg Pinneberg wurde.[221] Übrigens sind, was die Verbreitung reformatorischen Gedankengutes in den nordelbischen Marschen betrifft, auch Einflüsse aus dem südelbischen Raum in Rechnung zu stellen, die besonders von dem vorhin genannten Prämonstratenserstift St. Georg in Stade ausgingen.[222] Da Holstein-Pinneberg seit 1460 staatsrechtlich selbstständig war und das Jüngere Haus Schauenburg der Reformation zunächst ablehnend begegnete,[223] erfolgte deren Einführung später als in Hamburg und im Herzogtum Holstein.

---

218 *Theilig, Reformation in den Gemeinden, S. 32–33; Das Kremper Stadtbuch, S. 81 (1518).*

219 *Ebd., S. 34.*

220 *Postel, Reformation in Hamburg, S. 209–210, 313–314, 257–271, 293, 361.*

221 *Erwin Freytag, Die Reformation in der Herrschaft Holstein-Pinneberg und im Kloster Uetersen. Uetersen 1961, S. 10–11; ders., Politisch-kirchliche Sonderstellung, S. 79; Postel, Reformation in Hamburg, S. 293, 302–303, 314, 310, 365.*

222 *Postel, Reformation in Hamburg, S. 152.*

223 *Theilig, Reformation in den Gemeinden, S. 40.*

VIII

Gehen wir jetzt zurück in das Jahr 1521! Offenbar verzögerte sich der Neubau des Herzhorner Gotteshauses um einige Jahre – wie erfolgreich die Kollekte war, ist nicht aktenkundig. Aber wir haben wenigstens, wenngleich aus späteren Quellen, eine Angabe darüber, wann das neue Kirchengebäude errichtet wurde: 1521, ein Turm kam 1536 hinzu.[224] 1523, als sich schon die Vorboten der Reformation bemerkbar machten, vermachte ein Gehrt Meinert aus Moorhufen zwei Morgen Landes für das Pfarrbenefizium, zwei Morgen Landes und achtzig Mark für die Kirchenfabrik, zwanzig Mark für ein Messgewand und den Gottesdienst. 1524 kauften die Kirchgeschworenen einen silbervergoldeten Kelch für 52 Mark.[225] Ehlers bringt aus der Chronik Hieronymus Sauckes (1659–1739)[226] eine sogenannte ätiologische Legende. Sie soll (wie eine ähnliche aus Quickborn)[227] den Standort dieses Herzhorner Gotteshauses am Spleth erklären: Das Kultbild Annas wanderte nachts zweimal von dem Ort, den die Gemeinde ausersehen hatte, zu dem Platz, an dem dann tatsächlich der Kirchenbau errichtet wurde.[228] Diese Kirchwarft befindet sich nach den Sicherungsmaßnahmen um 1510 samt Umleitung des Spleths bis heute in Deichschutz.

Um 1540, mitten in der Zeit des religiösen und gesellschaftlichen Umbruchs, wurde, vielleicht noch auf Anordnung des damals in Lübeck

---

224 *Detlefsen, Herzhorn, S. 11; Ehlers, Herzhorn 2011, S. 47, 50–51.*

225 *Detlefsen, Elbmarschen 2, S. 120 (mit Quellenangabe); ders., Herzhorn, S. 13; Ehlers, Herzhorn 2011, S. 328.*

226 *Detlefsen, Elbmarschen 1, S. 18–19.*

227 *Johann Adrian Bolten, Historische Kirchen-Nachrichten von der Stadt Altona und deren verschiedenen Religions-Partheyen, von der Herrschaft Pinneberg und von der Grafschaft Ranzau. Bd. 2. Altona 1791, S. 226–227, Anm. 49.*

228 *Wilhelm Ehlers, Herzhorn. Die Geschichte des Kirchspiels und der Herrschaft Herzhorn. Ein Beitrag zur politischen und wirtschaftlichen Geschiche der holsteinischen Elbmarschen. Glückstadt, Itzehoe 1964, S. 75. Auch in: Sagen, Märchen und Lieder der Herzogtümer Schleswig, Holstein und Lauenburg. Hrsg. v. Karl Müllenhoff. Neue Ausgabe, besorgt v. Otto Mensing. Schleswig 1921 (Ndr. Kiel 1975), S. 121–122 (Nr. 161).*

weilenden Dekans Clemens Grote († 1542/43),[229] ein Verzeichnis der
Einkünfte des Sprengels der Hamburger Dompropstei erstellt. Während
hier die Annenkapelle in Bösbüttel aufgeführt ist, fehlt die Annenkirche
in Herzhorn.[230] Warum? Über den Grund kann man nur mutmaßen,
zumal Herzhorn auf altgläubigem Gebiet lag und andere Pfarreien der
Grafschaft Holstein-Pinneberg wie Wedel oder Nienstedten aufgeführt
sind. Vielleicht lagen dem Verfasser keine zuverlässigen Nachrichten
vor. Wenn es zu Horst und Hale (heute: Hohenfelde) heißt: Sunt de
presentatione domini ducis Holsatie, attamen sub jurisdictione domini
prepositi Hamburgensis,[231] dann müsste mindestens ein entsprechendes
Verhältnis für die Schauenburger Grafen in Herzhorn zu veranschlagen
sein. Möglicherweise hatte das Kirchspiel Herzhorn als landesherrliche
Patronatskirche (wie die Kapellen von Hatzburg und Pinneberg) einen
Sonderstatus, da es auch unter der Dreijahresbede für das Domkapitel nicht aufgeführt ist.[232] Wenn man das Verzeichnis durchsieht, fällt
aber etwas anderes auf: Die Verbreitung der Verehrung der hl. Anna in
Holstein und Dithmarschen findet eine zusätzliche Bestätigung durch
mehrere Altarpatronate der Marienmutter: in Meldorf, Wesselburen,
Nordhastedt und (wie schon bekannt) Itzehoe.[233] An dieser Stelle sei ein-
geflochten, dass Herzhorn auf den beiden ältesten einschlägigen Land-
karten, der Landeskarte des Marcus Jordanus aus Krempe († 1595) von
1559[234] und der Elbkarte Melchior Lorichs von 1568 († nach 1583) mit
dem Kirchenpatrozinium „St. Anna" bezeichnet ist (bei Jordanus aus-
schließlich, bei Lorichs zusätzlich).[235] Detlefsen findet das nicht weiter
erstaunlich, bemerkt vielmehr bloß: „Auf der Elbkarte des M. Lorichs

---

229 *Postel, Reformation in Hamburg, S. 366; Wätjer, Macht und Gebet, S. 243.*

230 *Register der hamburgischen Dompropstei aus Holstein, Dithmarschen und
Stormarn (um 1540). Hrsg. v. Wilhelm Jensen, in: SVSHKG I, 18 (1934), S.
122–149; dort S. 132.*

231 *Ebd., S. 126.*

232 *Ebd., S. 138–145.*

233 *Ebd., S. 130, 131, 133, 138, 141, 142.*

234 *Gut abgebildet in: Die Fürsten des Landes, S. 27. Vgl. Reimer Witt, Die Anfänge
von Kartographie und Topographie Schleswig-Holsteins. Heide 1982, S. 46–48.*

235 *Jürgen Bolland, Die Hamburger Elbkarte aus dem Jahre 1568, gezeichnet von
Melchior Lorichs. Hamburg 1985 (Veröffentlichungen aus dem Staatsarchiv*

ist diese [die 1521 errichtete] Kirche mit dem davor stehenden Turme, offenbar nach oben sich verjüngenden Holzbau, eingezeichnet."[236] Lappenberg schwärmt sogar: „Einen unverhältnissmässig weiten Blick hat Lorichs uns in die Cremper Marsch eröffnet und die Ansicht auf die meisten Kirchspiele derselben herbeigezogen. Er zeigt uns die Stadt Crempe, Horst, Hale ..., Nienkerken, Herzhorn mit St. Annen Kirche und Borsfleet nebst der jetzt s. g. Blomischen Wildniss am westlichen Ufer des Cremper Rhyn ..."[237]

Inwieweit diese Darstellung authentisch ist, sei dahingestellt. Detlefsen ist zu Recht die Trennung zwischen Annenkirche und der Örtlichkeit „Im Hartzhorn" aufgefallen.[238] Noch zu untersuchen wären die Landtafel Daniel Freeses († 1614)[239] von 1588 und die Kleine Karte von 1596,[240] doch liegen diese zeitlich zu weit von meinem Untersuchungszeitraum entfernt. Auf jeden Fall hielt sich die hl. Anna als Kirchenpatronin über die Reformation hinaus. So bezeichnet sich Rosenbohm 1561 selbst Her Hinrich Rosenbohm, Pastor tho S. Annen, während er die übrigen Kirchspiele der Grafschaft Holstein-Pinneberg mit den gewöhnlichen Ortsnamen versah.[241]

Bei dem Ausbau Krempes zur südwestholsteinischen Landesfestung zwischen 1533 und 1543[242] wirkten schauenburgische Untertanen aus Herzhorn, Sommerland und Grönland mit. Das geht aus einer am Montag nach dem Sonntage Judika (= 24. März) 1539 auf Schloss Gottorf ausgestellten Urkunde hervor, in der sich Adolf XIII. zu Holstein und Schauenburg (1511–1556) von Christian III. von Dänemark (1503–1559) bestätigen ließ, dass diese Dienste aus Entgegenkommen geleistet worden seien und keine dauerhafte Verpflichtung nach sich ziehen

---

der Freien und Hansestadt Hamburg 8), Beilage, S. 5. Vgl. Witt, Anfänge von Kartographie, S. 24–25.

236 *Detlefsen, Herzhorn, S. 11.*

237 *Lappenberg, Die Elbkarte des Melchior Lorichs, S. 107.*

238 *Detlefsen, Elbmarschen 2, S. 67.*

239 *Lorenz Petersen, Daniel Freses ‚Landtafel' der Grafschaft Holstein (Pinneberg), in: ZSHG 70/71 (1943), S. 224–246.*

240 *Eine Nachzeichnung in: 650 Jahre Herzhorn 1, S. 9.*

241 *Freytag, Reformation in der Grafschaft Holstein-Pinneberg, S. 236.*

242 *Das Kremper Stadtbuch, S. 8.*

würden.[243] Hinter dieser Maßnahme standen anscheinend konkurrierende Nutzungs- und Eigentumsansprüche seitens der gräflichen und der herzoglich-königlichen Bauern auf dem Grenzgebiet zwischen der Herrschaft Herzhorn und dem Amt Steinburg.[244] Streitigkeiten dieser Art sind für das spätere 16. und frühe 17. Jahrhundert wiederholt aktenkundig.

Am 9. Mai 1542 verbürgten ein Clawes Eylers in dem Harteshorne und drei weitere olden framen lude aus der Krempermarsch, dass das Kloster Itzehoe von Peter Rantzau Gerechtsamen im Kirchspiel Neuenkirchen an der Stör erworben habe.[245] Zu den Mitlobern dieser Urkunde gehörte der Uetersener Klosterpropst Clement von der Wisch (ca. 1490–1544), ein Freund und Standesgenosse Johann Rantzaus (1492–1565), der treibenden Kraft bei der Durchsetzung der Reformation in den Herzogtümern.[246] Das Dokument war Ehlers anscheinend nicht bekannt; jedenfalls taucht sein Namensvetter nicht in dem der Neuausgabe beigegebenen Personenregister auf.[247] Genau zwei Monate vorher, am 9. März 1542, war in der herzoglich-holsteinischen Nachbarschaft Herzhorns offiziell die Reformation eingeführt worden. Wann die neue Lehre im gräflich-pinnebergischen Herzhorn durchdrang, wissen wir nicht genau. Doch wir haben schon erfahren, dass diesbezügliche Einflüsse seit den frühen 1520er Jahren, also schon lange vor 1561, wirksam waren.

Zum Schluss müssen wir noch einmal auf Kirchenbau und Pfarrorganisation zurückkommen: „Im nordelbischen Teil des Erzbistums Hamburg-Bremen (Holstein, Stormarn, Dithmarschen) entstanden ... nach der Mitte des 14. Jahrhunderts nur noch ganz vereinzelt neue Pfarreien."[248]

Für die grobe Gesamtstruktur des Pfarreinetzes ist diese hier noch einmal zitierte Aussage von Bünz unbestritten. Das Kirchspiel Nygen-

243 LAS Abt. 3, Nr. 354, Bl. 181 (Abschrift).

244 Näheres bei Ehlers, Herzhorn 2011, S. 57–59.

245 SHRU 8, 345.

246 Erwin Freytag, Clement von der Wisch. Aus dem Leben eines Uetersener Klosterpropsten im Zeitalter der Renaissance, in: SVSHKG II, 29 (1973), S. 10–40.

247 Ehlers, Herzhorn 2011, S. 469, Sp. 2.

248 Enno Bünz, Bauern und ihre Kirche, S. 229.

stade stünde dann am Anfang jener zweiten Phase, in die das Kirchspiel Herzhorn auf jeden Fall hineingehören würde. Herzhorn – eine Spätpfarrei? Man muss doch fragen, was „neue Pfarreien" eigentlich bedeutet. Die elbufernahen Kirchspiele stellten, da sie zusätzlich zu den üblichen Gefährdungen durch Brände, Brandschatzungen, Seuchen, Orkane und Kriege ständig von Sturmfluten bedroht waren – man denke z.b. an Bishorst in der Haseldorfer Marsch –,[249] äußerst labile Größen dar. Gründungen, Untergänge und Neuerrichtungen sind mit Sicherheit nicht lückenlos überliefert und untrennbar mit dem Kampf um Acker- und Siedlungsland verbunden. Daher kann ich in der Errichtung von Kirchspielen wie Nygenstade 1354 noch eine Neugründung sehen, bei der Einrichtung der Kirchspiele Herzhorn zwischen 1415 und 1471, Kollmar und Neuendorf um 1450, wo 1505 ein neues Kirchengebäude entstand,[250] fällt mir das schwerer. Man sollte hier von Umgründungen sprechen, da es ja Vorgängerpfarreien und nicht bloß Kapellen oder Bethäuser gab (eben Nygenstade, außerdem Asfleth und Langenbrook). So schreibt auch Gaasch zutreffend: „Die Verlegung der Pfarrkirche [von Asfleth], die nach dem kunsthistorischen Befund der heutigen Kollmarer Kirche um die Mitte des 15. Jahrhunderts stattgefunden haben kann, zog auch die Umbenennung der Parochie nach sich."[251]

„Das im Ausgang des 14. Jahrhunderts zuletzt genannte Kirchspiel [Langenbrook] scheint etwa zu der Zeit, als Kollmar an die Stelle des untergegangenen Kirchorts Asfleth trat, weiter nach Osten, nach Neuendorf, verlegt worden zu sein."[252]

Gewiss – zu diesem Zwecke musste nach dem kanonischen Recht ein neuer Fundationsakt vollzogen werden, doch das war auch nicht anders, als wenn ein Kirchspiel samt Kirchengebäude und Kirchengut untergegangen war. Es ändert somit nichts daran, dass wir bei Herzhorn, Kollmar und Neuendorf keine echten Dismembrate vorliegen haben.

---

249 *Gaasch, Mittelalterliche Pfarrorganisation II, S. 71. Gaasch irrt, wenn er meint, der jüngste Quellennachweis für Bishorst als Kirchspiel sei 1494: UB Ramesloh Nr. 173 (26. 7. 1502, S. 125).*

250 *Theilig, Reformation, S. 33.*

251 *Gaasch, Mittelalterliche Pfarrorganisation II, S. 70.*

252 *Ebd., S. 79.*

Abkürzungen

HKR – Hamburger Kämmereirechnungen

LAS – Landesarchiv Schleswig-Holstein

NLA – Niedersächsisches Landesarchiv

NStM – Neues Staatsbürgerliches Magazin

QuSHLG – Quellensammlung der Schleswig-Holstein-Lauenburgischen Gesellschaft
    für vaterländische Geschichte

SHRU – Schleswig-Holsteine (Schleswig-Holstein-Lauenburgische) Regesten
und Urkunden

StA HH – Staatsarchiv Hamburg

SVSHKG – Schriften des Vereins für Schleswig-Holsteinische Kirchengeschichte

UB Hameln – Urkundenbuch des Stiftes und der Stadt Hameln

UB KG Dith – Urkundenbuch zur Kirchengeschichte Dithmarschens besonders im 16.
Jahrhundert

UB Möllenbeck – Urkundenbuch des Klosters Möllenbeck bei Rinteln

UB Oldenburg – Oldenburgisches Urkundenbuch

UB St. Georg – Regesten und Urkunden zur Geschichte des Klosters St. Georg in
    Stade

ZHG – Zeitschrift des Vereins für Hamburgische Geschichte

ZSHG – Zeitschrift der Gesellschaft für Schleswig-Holsteinische Geschichte